墨香财经学术文库

"十二五"辽宁省重点图书出版规划项目

流动性风险视角下民营企业
股权质押风险化解与精准纾困

The Resolution of Stock Pledge Risk and Precise Relief in
Private Enterprises from the Perspective of Liquidity Risk

孙林　陈仕华　著

东北财经大学出版社
Dongbei University of Finance & Economics Press　大连

图书在版编目（CIP）数据

流动性风险视角下民营企业股权质押风险化解与精准纾困 / 孙林，陈仕华著．
一大连：东北财经大学出版社，2023.7
（墨香财经学术文库）
ISBN 978-7-5654-4850-8

Ⅰ.流…　Ⅱ.①孙…　②陈…　Ⅲ.民营企业－股权管理－研究－中国　Ⅳ.F279.245

中国国家版本馆CIP数据核字〔2023〕第096286号

东北财经大学出版社出版发行

大连市黑石礁尖山街217号　邮政编码　116025

网　　　址：http://www.dufep.cn

读者信箱：dufep @ dufe.edu.cn

大连图腾彩色印刷有限公司印刷

幅面尺寸：170mm×240mm　字数：126千字　印张：8.75　插页：1
2023年7月第1版　　　　　2023年7月第1次印刷
责任编辑：田玉海　　　　　责任校对：惠恩乐
封面设计：原　皓　　　　　版式设计：原　皓
定价：56.00元

教学支持　售后服务　联系电话：（0411）84710309
版权所有　侵权必究　举报电话：（0411）84710523
如有印装质量问题，请联系营销部：（0411）84710711

本书为

　　教育部人文社会科学研究"化解流动性风险视角下的民营企业股权质押与精准纾困研究"项目（20YJC630129）资助成果。

前言

　　自1978年改革开放后，在民营企业四十余年的发展历程中，"融资难、融资贵"问题一直是制约其发展的一大难题。2013年后，民营上市企业的场内股票质押通道正式开启。适逢大牛市和货币宽松，民营上市企业青睐股权质押融资甚至到了"无股不押"的地步。然而，股市起伏始终跳不出周期性规律，随着2015年下半年股市大幅下跌和2016年初股市熔断，部分民营上市企业高比例质押股东为避免被"平仓"而不得不不断补充抵押物，当抵无可抵时，民营上市企业的股权质押风险开始显现。2018年初，中国证券业协会、上海证券交易所和深圳证券交易所相继出台限制场内质押规模的政策，但增量虽被限制，存量质押规模依旧庞大，A股市场的股权质押整体风险仍在高位徘徊。2018年11月1日，习近平总书记在民营企业座谈会上指出："对有股权质押平仓风险的民营企业，有关方面和地方要抓紧研究采取特殊措施，帮助企业渡过难关，避免发生企业所有权转移等问题。"其后，地方政府、上海证券交易所和深圳证券交易所、证券公司与保险公司相继推出纾困专项基金、纾困专项债、券商资管基金、纾困专项产品等为民营企业纾困。

由于当时国内民企纾困刚刚起步，如何通过精准纾困化解民营企业股权质押风险还处于"摸石头过河"的探索阶段。

正是基于这一大背景，"化解流动性风险视角下的民营企业股权质押与精准纾困研究"项目获得教育部人文社会科学研究青年基金项目立项。在教育部人文社会科学研究青年基金项目的支持下，课题组成员持续跟踪民营企业股权质押风险研究的进展动态，收集整理相关案例资料，梳理精准纾困的实际操作经验与教训。经过三年的资料积累与持续跟踪研究，我们开始着手撰写此书。本书具体内容为：第1章对股权质押业务发展背景、股权质押风险、纾困行动和纾困基金进行介绍；第2章围绕股权质押经济后果、动机与成因进行文献综述；第3章梳理了股权质押风险的内外部成因及现有研究的不足；第4、5章就董事长烙印特征和政商关系对民营企业股权质押风险的影响进行检验；第6章分析了股权质押风险的纾困运作机理、一般纾困模式和纾困模式选择的难点；第7章明晰了精准纾困的逻辑与原则、甄选标准及实施要点并辅以典型案例解读；第8章就全书内容予以总结。

本书有两点需要特别提及：第一，"市场化"是精准纾困的内核。化解股权质押风险的纾困基金是"行政化发起，市场化运作"，行政化发起是起点，市场化运作是过程，纾困的精准是结果。如果没有行政化发起，民营上市企业的因股权质押而出现的流动性困境在依靠市场无法缓解的情况下，有可能演变成整个A股市场的股权质押系统性风险。如果没有市场化运作，纾困运作的"安全逻辑"与"效率逻辑"、纾困标的"救急"优选与"守正"甄选原则难以坚持，有可能出现道德风险，无法精准纾困。故纾困基金的"行政化发起"与"市场化运作"是精准纾困的必然需要且缺一不可。第二，流动性风险是民企纾困的棋眼。纾困基金可作为民企纾困的长效机制一直存续，其名称可为化解股权质押风险的纾困基金、房地产纾困基金，亦可为其他名目的纾困基金，其纾困原则与逻辑均可依实际情况相应调整，但其最终目的仍是为化解流动性风险而进行的民企纾困。

本书写作过程中，陈仕华教授作为课题组成员，主持了本书整体架构的搭建、理论上的分析、实证内容部分的修改、典型案例的遴选。课题组其他成员在项目执行期间，在文献、数据与案例的收集与整理过程中亦有专门贡献。另外，感谢东北财经大学出版社田玉海副编审的辛勤工作及有益建议。

　　本书参考了大量文献，在此对各位专家学者表示诚挚谢意。囿于学识与精力，书中难免有错漏之处，恳请广大读者批评指正。

作　者

2023 年夏

▋目录

第 1 章　绪　论

1.1　股权质押业务的发展背景

　　股权质押是上市公司股东将所持股票质押给券商、银行等金融机构以获得资金的常见融资行为。我国资本市场的股权质押业务发展可分为四个阶段。

　　第一阶段为股权质押业务快速增长阶段（2013 年至 2015 年）。我国股权质押业务可分为场外质押与场内质押两类。1995 年《中华人民共和国担保法》颁布后以银行、信托等金融机构开展场外质押业务为主，2013 年上海证券交易所、深圳证券交易所和中证登公司发布的股票质押式回购及登记结算业务办法（试行）让场内股票质押业务登上舞台。2013 年至 2015 年的"大牛市"和宽松货币政策让资本市场资金充裕且活跃，加之金融创新改革后杠杆资金进入市场，上市公司股东通过股权质押融资的行为日益频繁。A 股市场的股权质押未解押市值规模由 2013 年的 845 亿元爆发式增长至 2015 年底的 47 000 亿元。场内与场外股权质押业务实现了协同增长，场内股权质押市值占全部股权质押市值的比重由2013年的16.5%上升至2015年的45.6%。

第二阶段为股权质押业务增长放缓阶段（2016年至2018年）。由于金融创新业务发展过快以及相应协调监管的缺乏，资本市场的泡沫风险加速积累。2015年下半年的股市大幅下跌和2016年初的股市熔断，让股权质押风险逐渐暴露，股权质押业务一度出现小幅回落。随着股市进入"慢牛"行情，场内场外质押业务的增长开始放缓。2017年底A股上市公司股权质押的市值已超6.15万亿元，99%的上市公司存在股权质押行为，可谓"无股不押"。在股市波动幅度较大情形下，部分高比例股权质押的上市公司股东为避免被平仓而不得不进行补充质押，2017年上市公司补充质押次数由以前的不足百次激增至800多次。

第三阶段为股权质押业务萎缩阶段（2018年至2020年）。2018年1月，中国证券业协会、上海证券交易所与深圳证券交易所会同中国证券登记结算有限责任公司发布了《股票质押式回购交易及登记结算业务办法（2018年修订）》（简称质押新规）。质押新规要求质押率（初始交易金额与质押标的证券市值的比率）上限不得超过60%；单一证券公司、单一集合资产管理计划或定向资产管理客户接受单只A股股票质押比例分别不超过30%和15%；单只A股股票市场整体质押比例不超过50%；融入方不得为金融机构或者从事贷款、私募证券投资或私募股权投资、个人借贷等业务的其他机构，或者前述机构发行的产品；融入资金必须用于实体经济生产经营，不得用于淘汰类产业、新股申购、买入股票等用途。质押新规的出台直接限制了场内质押规模的增长。其后，2018年6月，中国证券业协会向各证券公司发布了《关于证券公司办理场外股权质押交易有关事项的通知》，券商的场外股票质押业务被正式叫停。该通知被视为2018年初质押新规的延续，目的是进一步防范场外股票质押业务风险。之所以连续出台股权质押的限制政策，是因为股权质押系统性风险已初露端倪。然而，这些政策虽然对增量股权质押做了明确限制，但并未化解存量业务的潜在风险。2018年受宏观去杠杆、国内经济下行、中美贸易摩擦等影响，外部不确定性增强，股市持续下探，股权质押系统性风险开始显现。2018年10月，A股暴跌，疑似平仓市值由年初的 1.38 万亿元升至年末的近 2 万亿元，年末疑似平仓股数占总质押股数比例也升至 44.38%，2018 年上市公司年度补充质押次数增至 3 200 多次。为避免质押股权被大面积强制平仓而引发系统性风险情况的出现，2018 年 10 月，央行、银保监会、证监会与地方政府相继出台股权质押纾困政策、成立纾困基金以纾解股权质押风险。进入 2019 年后，A 股市场缓慢回升，股权质押风险释放明显，股权质押疑似平仓市值稳步下降。2019 年 1 月，上海证券交易所和深圳证券交易所发布的《关于股票质押式回购交易相关事项的通知》对股权质押业务的"展期"与"质押率上限"条件予以松绑。在股权质押业务的"展期"方面，当股权质押方违约且确需延期以纾解信用风险时，若累计回购期限已满或将满 3 年，经交易双方协商一致，延期后累计的回购期限可以超过 3 年，以存量延期方式缓解股权质押方还款压力。在股权质押业务的"质押率上限"方面，对于新增股权质押交易的融入资金全部用于偿还违约合约情形，可不适用单一融出方及市场整体质押比例上限、质押率上限等条款限制。这两条措施为股权质押风险的长期化解提供了充足的腾挪空间。未来股市再出现下行压力时，这种制度安排将充分显现安全垫作用，市场对股权质押风险的预期将温和化，不会大幅加剧公司流动性困境。2020 年 4 月，上海证券交易所和深圳证券交易所交易所发布的《关于通过协议转让方式进行股票质押式回购交易违约处置相关事项的通知》调低了协议转让门槛和转让价格。在降低协议转让受让门槛方面，规定单个受让方的受让比例不得低于公司股份总数的 2%（之前为5%）。在下调协议转让价格下限方面，规定协议转让价格不得低于转让协议签署日前一交易日股票收盘价格的 70%（之前为 90%）。协议转让门槛和转让价格的下调在政策上给予了更大的弹性空间，有利于纾困基金对接。股权质押业务的萎缩从上市公司存在股权质押情况的家数上得到印证，存在股权质押业务的上市公司在 2018 年为 3 434 家，2019 年为 3 081 家，2020 年为 2 632 家。A 股大股东质押股数占所持股份比例由 2018 年初的 21.48% 降至 2019 年底的 20.49%，后再降至 2020 年底的17.72%。

第四阶段为股权质押业务稳定阶段（2021 年至 2022 年）。进入 2021

年后，A 股市场股权质押情况趋于稳定，大股东质押股数占所持股份比例在 2021 年底和 2022 年底分别为 16.73%、16.43%。由于先前限制政策及纾困调整政策的制度铺底，A 股市场整体股权质押风险处于低位。2022 年 1 月，深圳证券交易所发布的《深圳证券交易所证券交易业务指引第 1 号——股票质押式回购交易风险管理》与上海证券交易所发布的《上海证券交易所股票质押式回购交易业务指引第 1 号——风险管理》正式实施。这意味着深圳和上海证券交易所将进一步严格控制股票质押增量，规范和引导证券公司合规、审慎开展股票质押式回购交易业务。截至 2022 年底，A 股场内外股权质押总市值为 31 625.45 亿元（2018 年 3 月 A 股场内外股权质押总市值最高点为 61 527.03 亿元）。种种迹象表明，股权质押这一受上市公司股东青睐的融资手段，已基本回归理性应用状态。值得注意的是，股市波动是常态，一旦上市公司大股东存在高比例股权质押，在股市下跌过快、幅度过大情况下仍会出现个体性的股权质押风险。

1.2 何为股权质押风险

从股权质押业务发展的四个阶段可以看出，股权质押风险的化解是重中之重。何为股权质押风险？为什么上市公司大股东会出现股权质押风险？在解答这两个问题前，需要先了解"一个率、两个线"。"一个率"是指质押率，上市公司大股东将所持股票质押给金融机构时，所获资金会低于质押股票市值，质押所获资金与所质押股票市值的比例即为质押率。股票质押式回购交易中的质押率一般不超过 60%，即质押 1 亿元市值股票至多能融得 6 000 万元资金。在实际操作中，质押率也会随交易期限、是否限售股等因素调整。一般来说，流通股主板的质押率为 55%，流通股中小板的质押率为 50%，流通股创业板的质押率为 45%。"两个线"是指警戒线和平仓线。在股票质押合同存续期间，质押股票的价值与股票市场同期波动，由质押获得资金与所质押股票市值而计算出的质押率也会不断变化。当公司股票价格下跌时，质押率会上升，甚至出现质押股票市值低于质押所获资金的情况。金融机构为避免质押股东违约而出现无法赎回质押股票的情形，一般将质押股票市值与质押融资额的比值为140%至150%时设定为警戒线，质押股票市值与质押融资额的比值为120%至130%时设定为平仓线。当达到警戒线时，金融机构会向大股东发出预警，要求大股东补充抵押物或现金。当达到平仓线时，金融机构会要求大股东于下一个交易日采取提前购回、追加担保品等履约保障措施，以使履约保障比例恢复至警戒线水平及以上。在质押率低于平仓线且大股东无法提供相应履约保证措施情形下，原则上金融机构可向证券交易所提交违约处置申报，待交易所审核通过后，方可进行强制平仓处理。事实上，股权质押达到平仓线以下并未平仓的情况屡见不鲜，继续补充股票抵押、现金、实物等抵押品是常见操作。

理解"一个率、两个线"后，我们来解释何为股权质押风险。股权质押风险（也称股票质押风险）是指股市下行时，高比例股权质押的上市公司控股股东因自身流动性困难无法追加担保，致使其质押股票被强制平仓而引发的公司控制权非正常转移风险。流动性是民营企业股权质押风险纾困的棋眼，当股权质押触及平仓线时，若能及时提供补充抵押物则不会发生因被强制平仓而引发公司控制权非正常转移，只有陷入"抵无可抵"的流动性困境时，股权质押风险才具备充分条件。公司控制权非正常转移是股权质押风险的结果，多会产生经营动荡、业绩下滑和股价崩盘。例如，中国南玻集团股份有限公司（南玻A）和山东山水水泥集团有限公司（山东山水）在经历公司控制权的非正常转移后，公司的经营业绩均出现大幅波动。

股权质押风险具有负向循环效应和再融资锁定效应。负向循环效应是指当上市公司陷入股权质押风险时，市场的平仓预期将进一步加剧股价下跌，而股价继续下跌进一步放大股权质押风险。2016年至2018年间，股权质押率较高的上市公司股价平均跌幅比股权质押率较低上市公司高15%左右。此外，股价下跌会导致存量股权质押部分面临强制平仓的危险，致使需要大量补充质押物而使质押方陷入全面的流动性风险。再融资锁定效应是指当上市公司出现股权质押风险时，陷入股权质押风险的公司再融资难度急剧增加。控股股东一旦陷入激进股权质押情形，一般表明其他可能的融资方式已穷尽，此时公司流动性风险激增，再融资陷入僵局。从资本市场角度来看，当上市公司的整体质押比例过高时，一旦股价下跌过快、跌幅过大，大量上市公司将陷入股权质押风险爆发困境，从而引起资本市场恐慌，形成资本市场的系统性股权质押风险。

1.3 化解股权质押风险的纾困行动

为避免资本市场系统性股权质押风险出现，纾困行动正式开启。2018年股市下行趋势明显，资本市场整体股权质押风险不断累积。2018年8月24日，时任副总理刘鹤主持的国务院金融稳定发展委员会防范化解金融风险专题会议针对股权质押风险提出"要充分发挥市场机制的作用，地方政府和监管部门要创造好的市场环境，鼓励和帮助市场主体主动化解风险"。2018年10月19日，刘鹤副总理就当时经济金融热点问题接受记者采访时提出"要求金融机构科学合理做好股票质押融资业务风险管理，鼓励地方政府管理的基金、私募股权基金帮助有发展前景的公司纾解股权质押困难"。2018年10月22日，国务院常务会议提出"针对当前民营企业融资难，运用市场化方式支持民营企业债券融资，由人民银行依法向专业机构提供初始资金支持，委托其按照市场化运作、防范风险原则，为经营正常、流动性遇到暂时困难的民营企业发债提供增信支持"。2018年11月1日，习近平总书记在民营企业座谈会上指出："对有股权质押平仓风险的民营企业，有关方面和地方要抓紧研究采取特殊措施，帮助企业渡过难关，避免发生企业所有权转移等问题。对地方政府加以引导，对符合经济结构优化升级方向、有前景的民营企业进行必要财务救助。省级政府和计划单列市可以自筹资金组建政策性救助基金，综合运用多种手段，在严格防止违规举债、严格防范国有资产流失前提下，帮助区域内产业龙头、就业大户、战略新兴行业等关键重点民营企业纾困。"根据中央指示，各金融监管部门出台了一系列化解股权质押风险的民企纾困政策，见表1-1。各类金融机构纷纷设立股权质押纾困基金，旨在化解股权质押风险。

表1-1　　　　　　　　　　化解股权质押风险的民企纾困政策

时间	监管部门	相关政策	政策要点
2018年10月22日	中国人民银行	设立民营企业债券融资支持工具	由中国人民银行运用再贷款提供部分初始资金，由专业机构进行市场化运作，通过出售信用风险缓释工具、担保增信等方式，重点支持暂时遇到困难但有市场、有前景、技术有竞争力的民营企业进行债券融资
2018年10月22日	中国基金业协会	对参与上市公司并购重组纾解股权质押问题的私募基金提供备案"绿色通道"相关安排	针对参与上市公司并购重组交易的私募基金和资产管理计划的新增产品备案申请或变更申请，将在材料齐备后2个工作日内完成备案或变更手续
2018年10月22日	中国证券业协会	证券行业支持民营企业发展集合资产管理计划的意向性方案	由11家证券公司出资210亿元设立母资管计划，引导各家证券公司设立子资管计划，形成千亿元资管计划，专项用于帮助有发展前景的民营上市企业纾解股权质押困难
2018年10月25日	中国银保监会	保险资产管理公司设立专项产品	允许保险资产管理公司设立专项产品，发挥保险资金长期稳健投资优势，参与化解上市公司股票质押流动性风险
2018年11月	北京证监局、上海证监局等	支持辖区证券基金经营机构积极参与化解上市公司股票质押风险	公募基金管理机构以自有资金或多渠道募集社会资金，通过成立资产管理计划等形式，参与化解民营上市公司流动性风险
2019年1月18日	上海证券交易所、深圳证券交易所	发布关于股票质押式回购交易相关事项的文件	优化违约合约展期安排，旨在解决合约违约而新增交易的特别安排

1.4   为纾解股权质押风险而成立的纾困基金

纾困基金是为化解民营上市企业股权质押风险而成立的专项投资主体，分为资产管理产品类和私募基金类纾困基金。

资产管理产品类纾困基金包含证券公司设立的资产管理计划和保险资产公司推出的纾困专项产品。2018年10月，11家证券公司共同成立"证券行业支持民营企业发展系列资产管理计划"，出资超过200亿元成立母资管计划作为引导，各家证券公司在母资管计划下分别成立子资管计划，吸收其他金融机构、国有资本以及社会资本参与，带动千亿元规模的专项纾困资金。保险资产公司推出的纾困专项产品以财务投资和战略投资为主，关注长期投资价值。中国银保监会在2018年10月底出台《关于保险资产管理公司设立专项产品有关事项的通知》，支持设立纾困专项产品为优质上市公司和民营企业创造长期融资保障。各地大型保险资管公司通过登记交易系统完成纾困专项产品登记，带动超过千亿元规模的保险资金参与。

私募基金类纾困基金主要包含地方纾困私募基金和证券公司纾困私募基金。地方纾困私募基金是纾困基金主力，多依靠地方国资平台，联合证券公司、银行、保险等金融机构设立。地方纾困私募基金多关注本地具有股权质押风险的民营上市企业，因地施策特征明显。部分地方纾困私募基金兼具产业基金引导投资功能。纾困私募基金由证券公司全资私募投资基金子公司发起并担任普通合伙人与子基金管理人，自主权较大，对安全性与收益率更为关注。

纾困基金的参与主体为央行、银保监会、证监会、地方政府、上海证券交易所和深圳证券交易所。央行、银保监会、证监会等参与主体多从政策层面予以纾困支持。央行推进民营企业股权融资支持计划，支持商业银行扩大对民营企业的信贷投放。银保监会允许保险资金设立专项产品化解上市公司股权质押风险。证监会鼓励成立私募股权基金，帮助有发展前景但暂时陷入经营困难的民营上市企业纾解股权质押风险。地方政府、上海证券交易所和深圳证券交易所多从实际操作层面予以纾困支持。地方政府相继成立纾困基金（地方政府成立纾困基金情况见表1-2），帮助民营上市企业化解股权质押风险。上海证券交易所、深圳证券交易所则发行纾困专项债券以缓解民营企业流动性困境。综上，纾困基金的形式既有各地政府成立的纾困专项基金、券商资管基金，也有保险资管成立的纾困专项产品、上海证券交易所和深圳证券交易所发行的纾困专项债。截至2020年初，各类纾困基金总规模已近7 000亿元。

表1-2　　　　　　　　地方政府成立纾困基金情况

时间	地区	纾困基金情况	金额（元）
2018年10月13日	广东深圳	设立优质上市公司股权投资专项基金	500亿
2018年10月16日	北京海淀	海淀区属国资与东兴证券发起设立优质企业发展基金	100亿
2018年10月19日	广东东莞	成立上市莞企发展投资基金，设立上市莞企发展投资合伙企业（有限合伙）	50亿
2018年10月24日	广东珠海	设立粤港澳国家战略新兴产业驰援母基金	100亿
2018年10月27日	广东汕头	设立共济发展基金	50亿
2018年10月29日	四川成都	设立上市公司纾困帮扶基金	100亿
2018年10月30日	广东中山	设立上市公司救助基金	50亿
2018年10月31日	湖南	设立援助湖南上市公司基金	100亿
2018年11月3日	上海	设立上市公司纾困基金，增加关键重点民营企业流动性	100亿
2018年11月8日	福建	设立纾困基金，重点帮扶省内专注实体经济领域发展的上市公司	150亿
2018年11月14日	河北	设立河北省上市公司新动力纾困基金	100亿
2018年11月14日	浙江宁波	设立上市公司稳健发展支持基金	100亿

续表

时间	地区	纾困基金情况	金额（元）
2018 年 11 月 15 日	山东	组建资本市场纾困基金	100 亿
2018 年 11 月 19 日	海南	设立企业纾困基金	600 亿
2018 年 11 月 26 日	江苏南京	设立民营企业纾困和发展基金	300 亿
2018 年 11 月 27 日	江西	组建江西国资创新发展基金	100 亿
2018 年 11 月 29 日	湖北	设立上市公司纾困基金	100 亿
2018 年 11 月 30 日	甘肃	设立产业并购纾困基金	100 亿
2018 年 12 月 10 日	安徽	设立民营企业纾困救助基金	100 亿
2018 年 12 月 19 日	吉林	设立省级政策性产业纾困基金	100 亿
2018 年 12 月 26 日	宁夏	设立政策性纾困基金	30 亿
2018 年 12 月 26 日	重庆	设立民营企业纾困基金	100 亿
2018 年 12 月 27 日	福建	设立纾困基金	150 亿
2018 年 12 月 29 日	山东	组建上市公司纾困基金群	100 亿
2019 年 1 月 14 日	安徽	设立民营企业纾困救助基金	100 亿
2019 年 1 月 14 日	湖北	设立上市公司纾困基金	100 亿
2019 年 1 月 15 日	天津	设立民营企业纾困基金	100 亿

1.5 本书研究目的与研究价值

本书的研究目的为：其一，构建完善的民营企业股权质押风险成因分析框架，为精准纾困研究提供支持。通过梳理民营企业股权质押风险的外部与内部影响因素，找出具有鲜明特色的可能影响因素，实证检验其是否影响以及如何影响民营企业股权质押风险。其二，揭示股权质押风险的纾困运作机理并解析纾困模式。纾困运作机理明晰有助于构建民营企业股权质押风险化解的一般分析框架，进而在一般分析框架内明确股权型、债权型、股债混合型纾困模式之间的差异与优劣势，梳理各种纾困模式的适用情形，分析民营企业股权质押风险的纾困模式选择的难点并给出建议。其三，从精准纾困的逻辑与原则、精准纾困的甄选标准、化解民营企业股权质押风险的精准纾困实施要点，探讨精准纾困如何实施。通过化解民营企业股权质押风险的精准纾困典型案例的呈现，从实际操作角度探讨精准纾困的实施关键点。

本书的理论价值为：其一，精准纾困作为民营企业股权质押风险纾解研究的重要主题，其研究有待深入。中国民营企业股权质押风险的纾困运作起步于2018年，但实践较多而学术研究较少，鲜有研究探讨精准纾困。本书基于中国民营企业股权质押风险的实际情况，从流动性风险视角切入，紧密围绕"精准"二字探究阐释民营企业纾困的"救谁"和"如何救"问题，以新角度拓展、深化民营企业股权质押风险的纾困研究。其二，民营企业股权质押风险成因分析框架的完善为精准纾困实施提供了理论依据。本书结合已有内外部成因研究，构建完善的民营企业股权质押风险成因分析框架，有助于民营企业股权质押风险化解的"精准"聚焦，亦为精准纾困的甄选原则明确、甄选标准选择、实施要点梳理提供理论支撑。其三，本研究明确了精准纾困的逻辑与原则、甄选标准及精准纾困实施要点，为后续民营企业股权质押风险的化解提供参考框架。化解民营企业股权质押风险的精准纾困逻辑要符合纾困运作的"安全逻辑与效率逻辑"。

本书的实际应用价值为：其一，精准纾困是中国民营企业股权质押流动性风险纾解的现实需要。2018年11月1日，习近平总书记在民营企业座谈会上指出："对有股权质押平仓风险的民营企业，有关方面和地方要抓紧研究采取特殊措施，帮助企业渡过难关，避免发生企业所有权转移等问题……"此后，各地政府及金融机构纷纷设立纾解股权质押风险的民营企业纾困基金。由于国内纾困运作缺乏系统梳理，如何通过精准纾困来化解民营企业股权质押风险仍不明确。其二，民营企业股权质押风险仍将长期存续，亟待树立精准纾困理念。民营企业股权质押既然存在风险，民营上市企业为何仍青睐股权质押融资？这是因为，股权质押具有良好的流动性与变现性，既能进行债务融资又能维持大股东控股地位，即被质押股权在质押后仍由原持股人所有（只有到期不能清偿债务时，债权人才有权优先受偿），股东在质押期内仍享有投票权、收益权等（任和，2014），故民营企业股权质押的"主力军"为民营上市企业大股东。即便至2022年底，A股市场的个别民营上市企业仍存在股权质押风险。虽然A股市场的系统性股权质押风险较低，但仍存在个别待纾困的民营上市企业，"救谁"和"如何救"依旧是纾困运作的难题。故应树立精准纾困理念，明确纾困标的"救急"优选与"守正"甄选原则，助力民营经济高质量发展。

第 2 章　股权质押文献回顾与述评

股权质押（share pledging）作为全球现象，主要表现为内部人质押其所持股份以获取私人借款（Ouyang et al.，2019），所涉及的内部人包含大股东、持股董事、持股高管等。与发达市场经济国家相比，近年来中国市场的股权质押行为更为普遍（Schmidt and Mak，2017）。基于中国 A 股市场的大股东或控股股东股权质押研究于 2016 年开始大量涌现，所探讨主题包含股权质押的经济后果、质押动机、质押成因等，故我们以经济后果—质押动机—质押成因的逻辑来梳理股权质押的国内外相关学术研究及趋势走向。

2.1　股权质押经济后果的文献回顾

股权质押的经济后果研究是股权质押研究的热点主题，已有研究着重关注股权质押情境下，大股东侵占中小股东利益的第二类代理问题所造成的经济后果。最为典型的探讨是股权质押的直接经济后果，如公司经营业绩（王斌，2013）、公司价值（Singh，2017；Li et al.，2019）、资本市场反馈（Wang and Chou，2018；Dou et al.，2019）等。Li et al.（2019）研究发现控股股东股权质押与公司价值有显著的正向关系。张军华（2020）考察了控股股东股权质押对企业融资约束的影响，发现控股股东股权质押加剧了企业融资约束，质押比例越高，融资约束程度越大。李常青等（2021）就大股东对公司的积极"支持"角色进行了检验，发现大股东有强烈动机在股权质押后借款给处于融资困境且与自身利益密切相关的公司。

更多研究则探究股权质押如何影响公司会计财务行为、资本政策、创新投资、公司治理与相关风险。

1. 会计财务行为方面

控股股东股权质押对盈余管理的影响受到关注较多（王斌和宋春霞，2015；Huang and Xue，2016；曹志鹏和朱敏迪，2018；谢德仁和廖珂，2018；朱颐和和姜思明，2018）。胡旭微和吴佳璇（2022）研究了控股股东股权质押对盈余管理的影响，发现控股股东股权质押比率越高的公司，越可能存在应计盈余管理与真实盈余管理行为。黎来芳和陈占燎（2018）就控股股东股权质押对企业信息披露质量的影响进行了检验，发现控股股东股权质押增强了公司信息选择性披露动机，降低了信息披露质量。朱薇和胡曲应（2022）探讨了控股股东股权质押与企业被出具非标准审计意见的关系，发现控股股东股权质押与非标准审计意见正相关，控股股东股权质押后的机会主义行为可能会增加企业被出具非标准审计意见的概率。许晓芳等（2021）检验了控股股东股权质押对公司杠杆操纵的影响，发现具有控股股东股权质押的高杠杆公司进行杠杆操纵的可能性更大，控股股东股权质押比例越高，高杠杆公司的杠杆操纵程度越大。宋思淼等（2022）考察了控股股东股权质押对年报语调操纵的影响，发现控股股东股权质押会促使企业进行向上的年报语调操纵，这一情况在熊市、年报公告前股票平均回报较低及非国有企业中更突出。谢德仁等（2017）就控股股东股权质押对公司会计政策选择的影响进行了检验，发现控股股东股权质押的公司更倾向于将开发支出资本化以进行正向盈余管理。王雄元等（2018）研究了控股股东股权质押对税收规避的影响，发现控股股东进行股权质押的上市公司更可能进行税收规避，说明控股股东有动机利用税收规避抑制控制权转移风险。

2.资本政策方面

廖珂等（2018）考察了控股股东股权质押对公司股利政策选择的影响，发现当控股股东进行了股权质押时，上市公司更可能推出"高送转"的利润分配方案，回避或降低现金股利的倾向更高；这一影响在控股股东质押股份比例越高、质押股权面临的平仓风险越高时越显著。任碧云和杨克成（2018）就上市公司大股东股权质押对增持行为的影响进行了检验，发现大股东在股权质押后会倾向于通过增持股份来防范股价下跌风险，但当大股东面临较强财务约束时，增持行为更多是象征性的。史永东等（2021）研究发现控股股东股权质押显著提高了发债企业二级市场信用利差，此情形在控制权转移风险较高的企业中更为明显。陆蓉和兰袁（2021）探讨了大股东股权质押对上市公司资本运作的影响，发现大股东股权质押比例越高，上市公司进行资本运作的可能性越大；这一关系在质押股权面临的平仓风险较高时更为显著。杜勇和眭鑫（2021）就控股股东股权质押对实体企业金融化的影响进行了探讨，发现控股股东股权质押比例与实体企业金融化之间具有倒 U 形关系，即企业持有金融资产的比例随着股权质押比例的增加而先增后减。陈泽艺等（2021）检验了控股股东股权质押对股票误定价的影响，发现控股股东股权质押让上市公司股票的误定价程度增大，但此影响具有非对称性，股权质押后股价高估的程度增大，而股价低估的程度并未增大。廖珂等（2020）探讨了控股股东股权质押对上市公司并购行为的影响，发现存在控股股东股权质押的公司在控股股东质押股权后更可能进行并购活动、并购的交易规模更大、在并购中支付的溢价更高。徐莉萍等（2021）就控股股东股权质押对并购业绩承诺的影响进行了检验，发现控股股东股权质押比例较高时，上市公司签订并购业绩承诺的可能性更大、签订的业绩承诺额更高、承诺期更长。张军华（2022）研究了控股股东股权质押与业绩预告策略性披露之间的关系，发现积极业绩预告可助推股价上升，有利于控股股东高位质押；控股股东股权质押前，积极业绩预告的披露概率更大；质押后控制权转移风险越大，上市公司披露积极业绩预告的概率越高。

3.创新投资方面

张瑞君等（2017）考察了控股股东股权质押对企业创新活动的影响，发现控股股东股权质押与企业研发投入之间显著负相关；金字塔层级越长，控股股东股权质押与企业研发投入之间的负向关系越显著。李常青等（2018）对控股股东股权质押与企业创新投入之间的关系进行了检验，发现控股股东股权质押会抑制企业创新投入，当股权质押率较高、股价接近平仓线时，这一抑制效应更为明显。何建国等（2022）研究发现控股股东股权质押对企业创新投入具有挤出效应，股权质押率越高，企业创新投入越低；宽松的货币政策将加剧控股股东股权质押对企业创新投入的挤出效应。余明桂等（2021）将股权质押分为支持型和非支持型，考察两类股权质押对公司投资的影响，发现支持型股权质押可显著提高上市公司投资水平，支持型股权质押的投资促进效应在融资约束强的公司更为显著。

4.公司治理方面

郝项超和梁琪（2009）研究发现控股股东的股权质押行为具有弱化激励效应和强化侵占效应，这些效应在民营上市企业中尤为显著。郑国坚等（2014）研究发现大股东质押股权后，更可能对上市公司进行占款。陈泽艺等（2018）也发现大股东股权质押显著提高了大股东占用上市公司资金的可能性；股权激励则能降低大股东股权质押占用上市公司资金的可能性，但此影响仅在高股权制衡组显著。高皓和肖金利（2019）就控股股东股权质押对CEO非正常离职的影响进行了检验，发现控股股东股权质押会增加CEO非正常离职的概率。邱杨茜和黄娟娟（2021）考察了控股股东质押对员工持股计划的影响，发现控股股东存在股权质押、质押率越高的公司越可能推行员工持股计划，这种可能会随控制权转移风险的上升而增大。韩彬（2018）检验了控股股东股权质押对企业社会责任的影响，发现控股股东股权质押与企业履行社会责任水平存在显著负相关关系，此负向影响在非国有上市公司中更为显著。

5.相关风险方面

谢德仁等（2016）研究发现控股股东股权质押后，公司股价崩盘风险更低；控股股东的股权质押解除后，公司股价崩盘风险随之提高。何威风等（2018）研究了大股东股权质押对企业风险承担水平的影响，发现大股东股权质押与企业风险承担显著负相关；国有控股上市公司、有融资约束公司以及大股东进行股权连续质押时，将加剧此负向影响。张庆君等（2021）检验了非金融类违规企业控股股东股权质押对企业违约风险的影响，发现控股股东股权质押与企业违约概率之间存在 U 形关系，过临界点后的企业违约风险会随控股股东股权质押比例的提升而增加。

2.2 股权质押动机的文献回顾

股权质押动机多为融资需要、增强控制权与利益侵占（杜丽贞等，2019）。上市公司股东进行股权质押的普遍动机为满足融资需要。公司遇到资金周转难题时，控股股东会质押其所持股份以补充公司现金流，缓解上市公司资金压力（艾大力和王斌，2012；闻岳春和夏婷，2016；王亚茹等，2018），此情形可称为被动融资。张陶勇和陈焰华（2014）研究发现约 19% 的控股股东进行股权质押是为缓解上市公司资金压力，当控股股东因此质押股权时，股权质押行为有助于上市公司价值提升。林艳等（2018）也发现相较于国有上市公司控股股东，民营上市公司控股股东更乐于通过股权质押方式融资。此外，股权质押因可循环，能为上市公司持续提供资金，缓解公司中长期资金周转问题（谭燕和吴静，2013）。除融资动机外，股东出于增强自身对上市公司控制权考虑，亦可能主动进行股权质押。上市公司控股股东股权质押既能获得融资又能维持公司控制权（Liu and Tian，2012；李旎和郑国坚，2015；林艳等，2018）。部分控股公司通过股权质押所得融资不是用于公司经营，而是用于增持股票以加强对上市公司的控制权（Kao，2004；龚俊琼，2015）。

利益侵占是上市公司股东进行股权质押的负面动机。由于股权质押会造成控制权与现金流权的分离，这将增强控股股东侵占上市公司利益的动机，进而侵害中小投资者利益（彭文伟等，2009）。上市公司股东通常选择在股价高位时点质押股权以获得更多融资，股权质押所引发的委托代理问题将增强利益侵占动机（徐寿福等，2016）。郑国坚等（2014）研究发现控股股东股权质押后更可能侵占上市公司利益；当其质押股份被冻结时，侵占上市公司利益的动机会进一步增强。当控股股东股权质押率较高时，也可能发生为私利而损害公司利益的行为（李常青等，2018）。黄登仕和黄禹舜（2018）的研究则发现，控股股东进行股权质押后为防股价大幅下跌，其可能通过"高送转"来提升股价，此种"高送转"会损害中小股东利益。当控股股东将股权质押视作套现手段时，掏空行为也就正式形成。

2.3 股权质押成因的文献回顾

已有研究表明，股权质押的微观层面成因包含企业性质、股东特征、财务杠杆率、行业与地区的同群效应等。王斌等（2013）研究发现企业性质是股权质押行为出现的一种成因，民营企业因缺少天然融资优势而面临更大融资约束，民营上市企业股东更愿意通过股权质押方式获得融资。王新红和李妍艳（2016）以中小板上市企业为研究对象，发现法人大股东会比自然人大股东进行更多股权质押融资。宋建波等（2019）研究发现公司存在多个大股东时，控股股东的股权质押比例较低；其他大股东对控股股东股权质押比例的抑制作用主要体现在非国有控股公司中。上市公司杠杆率也会影响股权质押行为，上市公司在债务较多、其他融资渠道受限时更可能通过股权质押融资（陈齐晋，2020）。杨松令等（2020）考察了控股股东股权质押的同群效应，发现同行业、同地区公司的控股股东股权质押行为对公司控股股东股权质押行为有显著正向影响，控股股东股权质押的同群效应增加了公司股价崩盘风险。潜力和葛燕妮（2022）研究发现行业与地区的同群效应对于大股东股权质押行为有积极影响；地区同伴的此种影响大于行业同伴；融资约束与国有产权性质均会削弱股权质押的同群效应，市场竞争则加剧了股权质押的同群效应。宋坤和田样宇（2021）将上市公司股权质押可能引致的风险分为比例、道德、市场和法律四类风险，考察上市公司股票回购对股权质押风险的影响，发现股票回购可缓解股权质押所带来的本期和未来一期的比例风险、市场风险、法律风险、未来一期道德风险。

股权质押的宏观层面成因包含经济政策不确定性、投机文化、股票定价等。史永东和宋明勇（2021）探讨了经济政策不确定性对大股东股权质押决策的影响，发现经济政策不确定性能显著提高大股东的股权质押意愿与质押规模；大股东在经济政策不确定性较高时进行股权质押将加剧系统性风险。罗党论等（2021）从文化角度考察控股股东股权质押的影响因素，探讨投机文化对控股股东股权质押行为的影响，研究发现控股股东股权质押发生概率与质押比例在公司所在地投机文化越强时越高；公司所在地的投机文化显著增加了控股股东股权质押后的股价崩盘风险。徐寿福等（2016）研究发现大股东股权质押行为受股价影响，当股票价格高于公司价值时，大股东股权质押意愿和规模均较高。股市收益率越高，大股东质押相同股数股票所获资金越多，其质押比例可能越高（陈齐晋，2020）。

2.4 股权质押文献述评

通过股权质押经济后果研究的回顾，我们发现研究主题集中于股权质押如何影响公司会计财务行为、资本政策、创新投资、公司治理等方面，所涉及的风险探讨虽提及企业风险承担（何威风等，2018）、企业违约风险（张庆君等，2021）及公司股价崩盘风险（谢德仁等，2016），但学界对于股权质押所引起的风险话题关注度不足。从文献回顾可见，相关研究的数量从2016年开始增加，但在股权质押风险较热的2018年前后，鲜有涉及股权质押风险的直接文献研究。与之形成强烈对比的是，股权质押风险作为2018年资本市场的热度话题，其关注度在股权质押风险化解政策相继出台、股权质押风险纾困基金纷纷成立的背景下达到顶峰。这显示出学术研究滞后于现实需求。

在股权质押动机研究的回顾中，已有研究基本在股权质押的融资需要、增强控制权、利益侵占动机上达成一致。此外，李常青等（2018）认为股权质押动机也可分为支持型动机（善意融资）和非支持型动机

（恶意侵占），支持型动机是股东股权质押所获融资提供给上市公司使用，而非支持型动机是股东股权质押目的不仅是获得资金，更是基于控制权与现金流权的分离来掏空公司、侵占中小股东利益。支持型与非支持型动机虽提供了二分标准，但实际操作中股权质押的支持型与非支持型动机会随着事态的演变而动态变化，甚至是相互转化。

相较于股权质押经济后果研究的丰富与不断深入，股权质押成因研究则相对落后。已有研究表明股权质押的宏观层面成因包含经济政策不确定性、投机文化、股票定价等，缺乏对新型政商关系类因素的考察。股权质押的微观层面成因包含企业性质、股东特征、财务杠杆率、行业与地区的同群效应等，缺乏公司治理中控股股东及其密切利害关系人特征的考察，比如董事长特征的考察。

在股权质押经济后果、质押动机、质押成因的文献回顾中可以看出，股权质押风险的探讨较少。可能是囿于数据的可获得性，股权质押风险成因研究尚不充分。缺乏股权质押风险内外成因分析框架，这降低了股权质押风险成因的整体认知程度，加大了股权质押风险的纾解难度。

股权质押风险是大股东或控股股东在股权质押后，因面临追加担保而遭遇流动性困难，会让质押股份被强制平仓（Margin Call），进而带来控制权丧失风险（谢德仁等，2016；Li et al.，2019）。为避免公司控制权转移，此种困境的内部自发纾解行为，如操纵公司信息披露来降低股权质押期间内的股价崩盘风险（谢德仁等，2016）、公司会计政策选择（谢德仁等，2017）、粉饰报表以帮助公司短期扭亏为盈（杜勇等，2018）、进行真实盈余管理（谢德仁和廖珂，2018）、引导公司回购股份（Chan et al.，2018）等已被初步探讨。股权质押困境的外部纾解研究则有待展开，尤其是各地政府及金融机构为纾解民营企业融资困境及股权质押风险而设立的民营企业纾困基金（吴梓境和张波，2019），其作为民营企业股权质押风险外部纾解的重要手段亟待深入探讨，如纾困运作内涵是什么、机理怎样、各种纾困模式之间有何差异与优劣势等问题均未揭示清楚。此外，由于中国纾困运作起步较晚，相关学术研究较为匮乏，鲜有研究涉及精准纾困。在民营企业股权质押风险存续情形下，精准纾困的深层次内涵是什么、原则与标准为何、如何实施等问题亦有待解答。

2.5　本章小结

本章以经济后果—质押动机—质押成因的逻辑来梳理股权质押的国内外相关学术研究及趋势走向。系统梳理股权质押的相关文献研究，我们发现学术研究相较于实务发展存在滞后性，在股权质押风险及其化解已被决策层重点关注、相关政策频频出台的情况下，涉及股权质押风险的研究却仍较少。股权质押风险成因研究缺乏内外部结合的整体分析框架，限制了股权质押风险成因的整体认知，加大了民营企业股权质押风险的纾解难度，降低了纾解精度。鉴于此，下一章将构建股权质押风险内外部成因分析框架，为精准纾困研究铺垫清晰的溯源脉络。

第3章 民营企业股权质押风险的 成因梳理

本章研究的是，在结合民营企业股权质押风险实际情况的基础上，从外部和内部两方面回答"困"从何来，从流动性风险化解视角为精准纾困"救谁"与"如何救"问题的解答提供思路。股权质押风险的成因梳理是精准纾困研究开展的基础条件，已有研究对股权质押的成因有一定探讨，但对股权质押风险的成因探讨十分匮乏。我们将结合实务操作从外部和内部角度梳理股权质押风险成因。

3.1 民营企业股权质押风险外部成因分析

民营企业股权质押风险的外部成因主要为信用收缩、"无股权不富"市场风潮、资本市场低迷、公司负面事件等。

其一，信用收缩致使民营企业融资受限而更依赖股权质押。2017年以来随着防金融风险、去杠杆政策的出台，民营企业融资渠道趋于狭窄，再融资难度增大。信用收缩导致民营企业出现了严重的流动性问题，民营企业上市公司债券违约数量不断增加。在民营企业融资渠道缩窄、融资成本相对上升背景下，民营上市企业大股东更依赖股权质押获取流动性（刘信兵，2016；张继强，2019）。

其二，"无股权不富"市场风潮影响股权质押行为。上市公司股东股权质押成本一般比银行贷款利率略高，但因其便捷、额度大，不少上市公司股东有强烈欲望通过股权质押融资后再投资，获利前景可观。只要股价相对稳定，既可获利又不影响大股东控制权，可谓"一本万利"。

其三，资本市场低迷且波动加剧。受美国逆全球化影响，2018年以来中国股市在外部环境不确定性加剧情形下波动幅度较大、市盈率逼近历史新低，致使较多民营上市企业及其控股股东面临流动性风险（吴梓境和张波，2019）。

其四，公司负面事件影响。股权质押风险往往由股价大幅下跌触发，任何引起股价波动的事件、信息都会带来影响。当公司发生评级下调、违规违纪、被监管机构处分等重大负面事件时，引起的股价下跌就可能成为股权质押风险爆发的导火索。

3.2 民营企业股权质押风险内部成因分析

民营企业股权质押风险的内部成因主要为股权质押比例过高、过度并购扩张与杠杆投资、盲目增持致使增持和存量质押部分先后爆仓、大股东股权质押为公司解困反而被困、大股东股权质押融资用途不当等。

其一，股权质押比例过高。民营企业由于企业性质禀赋原因，其直接融资与间接融资成本均较高。股权质押的审批周期比银行信贷审核周期短，融资额度空间较大，资金用途在早期不受限，故民营企业是股票质押的主要资金融入方。在金融去杠杆和非标类产品融资收紧背景下，民营企业融资渠道进一步受限，股票质押成为获取流动资金、扩大经营规模的有限融资渠道，致使质押比例不断提升。高比例股权质押在满足一时资金需求时，也是拿公司未来的流动性状况做赌注。股权质押比例过高情形下，一旦未来股价波动触发质押平仓，将无法继续补充未质押股票，若再无其他符合要求的抵押物品，将引发股权质押风险，前期的高比例股权质押无异于饮鸩止渴。

其二，过度并购扩张与杠杆投资导致风险。民营上市企业在财务安排、投资战略上过度依赖杠杆扩张，在融资渠道断裂的情况下容易出现股权质押风险。民营企业曾在2014年至2017年以借债方式进行大规模并购，在紧缩环境下为继续借新还旧，只能采取股权质押方式融资，致使股权质押比例提升，累积了股权质押风险。

其三，盲目增持致使增持和存量质押部分先后爆仓。部分民营企业对未来前景盲目乐观，通过股权质押来增持股份，虽股权质押新规对该项操作予以了限制，但市场中仍存在一定存量业务，股价下跌会导致此情形下的增持和存量质押部分先后爆仓（李奇霖和常娜，2018）。

其四，大股东股权质押为公司解困反而被困。民营上市公司流动性受困，部分大股东会通过股权质押方式融通资金为公司解困。当股票下跌至证券公司设置的警戒线和平仓线时，大股东被要求追加抵押物，最终形成股权质押风险。

其五，大股东股权质押融资用途不当。部分大股东在非理性投资中出现期限错配、短债长投的行为（金若琳等，2019）。部分大股东进行了变相套现，如乐视网的大股东贾跃亭变相套现操作（赵天月，2017）。

其六，上市公司董事长经营理念较为激进。董事长一般为民营上市企业的实际控制人本人或密切利害关系人，其激进的经营理念可能导致企业流动性趋紧。此情形下，可能出现股权质押风险。

3.3 民营企业股权质押风险成因分析的不足

与股权质押成因相比，股权质押风险成因研究较少。我们从实务角度对股权质押风险内部和外部成因进行了梳理。股权质押风险的外部成因主要为市场大环境影响（如信用收缩、"无股权不富"市场风潮、资本市场低迷等）。外部成因方面，股权质押风险的传导路径为市场大环境→融资紧张→高比例股权质押→股权质押风险。此传导路径中高比例股权质押形成股权质押风险的激活因素为股价下跌（由资本市场低迷、公司负面事件引起）。融资是传导路径的起点，若民营上市企业在信用趋紧情形下仍存有多种融资途径，高比例股权质押所引致的股权质押风险并不会出现。与国有企业相比，民营企业存在天然资源禀赋劣势，其融资能力是短板。当前，政商关系一直是民营企业融资的重要依靠，故政商关系能否影响民营企业股权质押风险是一个值得研究的问题。但目前为止，尚未有相关研究。

股权质押风险的内部成因主要为股权质押比例过高、过度并购扩张与杠杆投资、盲目增持致使增持和存量质押部分先后爆仓、大股东股权质押为公司解困反而被困、大股东质押融资用途不当。内部成因方面，股权质押风险的传导路径为资金用途→股权质押比例过高→股权质押风险。内部成因重点分析了资金用途的多种情境，并购扩张、杠杆投资、盲目增持、为解困而被困、套现、挥霍等基本囊括了所有股权质押的资金用途。内部成因分析不能脱离外部成因，并购扩张、杠杆投资、盲目增持、为解困而被困等情况在信用宽松、股市平稳背景下不会形成股权质押风险，而在信用紧缩、股市下行背景下则成为股权质押风险的导火索。由于股权质押资金用途由股东决定，现有分析框架中对人的因素关注不够，尤其是民营上市企业董事长这一角色。民营上市企业董事长一般为实际控制人本人或其密切利害关系人，董事长对于控股股东股权质押资金的用途具有较强影响力。董事长个人特征尤其是对经营风格有较大影响的烙印特征应被纳入研究视野，故董事长烙印特征对民营企业股权质押风险的影响亦是值得研究的主题。

3.4 本章小结

本章从外部和内部角度分析了股权质押风险成因，为精准纾困研究提供了溯源脉络。在股权质押风险成因不足分析中，我们发现内部的董事长个人特征、外部的政商关系可能影响民营企业股权质押风险，但尚未被证实。下两章将就内部的董事长个人特征、外部的政商关系进行实证检验，完善股权质押风险成因的分析框架。在完成股权质押的流动性风险成因梳理后，我们将进一步研究纾困运作机理与纾困模式，厘清精准纾困运作过程中纾困标的精准识别、精准纾困实施的难点与要点，结合民营企业股权质押风险实际情况，从流动性风险化解视角出发，解答精准纾困的"救谁"与"如何救"问题。

第4章 董事长烙印特征与民营企业股权质押风险检验研究

4.1 研究问题的提出

"无股不押"是中国A股市场股权质押现象的真实描述（李永华和陈惟杉，2018），股权质押因其良好的流动性与变现性、既能进行债务融资又能维持控股股东控股地位的特点，颇受民营上市企业控股股东追捧。然而，股权质押风险也随之产生。高比例股权质押的控股股东在股市加剧下行时会出现自身流动性困难而无法追加担保的情况，此时其质押股份存在被强制平仓（margin call）的风险（谢德仁等，2016），企业控制权存在非正常转移可能。由于上市民营企业控制权的非正常转移会诱发经营动荡、股价崩盘等恶性后果，"中国园林第一股"东方园林就因控股股东股权质押比例过高而爆发股权质押风险，最终公司实际控制人发生变更。故防范化解股权质押风险是监管层与学界持续关注的热点问题。已有研究虽从缓解融资约束（Peng et al.，2011；张陶勇和陈焰

华，2014；杜丽贞等，2019）、市值管理（李旎和郑国坚，2015）、掏空
（吴静，2016；杜丽贞等，2019）、股票错误定价和信贷政策（徐寿福
等，2016）、控股股东股权质押行为的同群效应（杨松令等，2020）等
方面探讨了股权质押的影响诱因，但缺乏风险决策层面"人"的考量。

民营企业董事长作为控股股东本人或密切利害关系人，具备影响企
业股权质押风险的动机与实力，因此有必要探讨董事长个人认知框架与
风险偏好对民营企业股权质押风险的影响。烙印理论认为个体在环境敏
感期内为适应环境而形成的特征会持续产生影响（Marquis and Tilcsik，
2013），本章将基于烙印理论三要素分析烙印影响，考察董事长早期上
山下乡经历这一烙印特征对民营企业股权质押风险的影响。

4.2　理论分析与研究假设

4.2.1　烙印理论与烙印特征

烙印理论（imprinting theory）认为个体或组织的发展进程中存在若
干"环境敏感期"（Pieper et al.，2015），焦点主体在环境敏感期内会培
养出相应"特征"以适应环境，即便后续阶段环境改变时这些"特征"
仍将延续（Simsek et al.，2015）。烙印理论具备三个基本要素：一为焦
点实体存在时间受限的环境敏感期；二为敏感期环境影响强烈，焦点主
体会开发、培养与敏感期环境相匹配的特征；三为这些特征具有时间延
续性（Marquis and Tilcsik，2013）。我们基于烙印理论三要素梳理早期
上山下乡经历可能的烙印影响。

其一，焦点主体发生早期上山下乡经历时处于青少年这一受限环境
敏感期。环境敏感期是个体成长与发展的有限关键期，焦点主体在此期
间对环境影响具有高度易感性。具有早期上山下乡经历的焦点主体插队
前多为16岁至22岁的青少年。青少年时期是个体认识与理解世界、保
存永久性记忆与性格形成的关键时期，此阶段的重大社会事件都会对经
历者隐性的心理特质产生持续性影响（Krosnick et al.，1989）。具有早

期上山下乡经历的知青①在青少年这一关键时期内，在本当接受教育的年龄中断了学业，到农村插队落户当农民或到国营农场当农业工人②。从无忧无虑的学生到自给自足的农民（或农业工人）的身份转变，使其周遭环境发生了重大改变，强化了环境敏感期所受影响。

其二，具有早期上山下乡经历的知青在环境敏感期内会培养出与当时环境要素相匹配的特征。具有早期上山下乡经历的知青是上山下乡运动化后最初一批独自适应匮乏物质生活条件和高强度体力劳动的知青，艰苦的基层环境磨练了其意志，培养了坚韧不拔、艰苦朴素的优良品质（王东维和高晓斌，2013）。而基层落后的生产力加之日复一日的繁重体力劳动则形成了对未来彷徨、迷茫的心理印记（梁志全，2015），这段深入体验的艰苦磨炼让他们更为珍惜个人来之不易的发展与变化（樊冬梅，2005），风险容忍度中性偏低，行事风格更趋于谨慎沉稳。较长的社会基层生活磨砺也让知青快速成熟，对当时中国国情了解更为真切、思考问题方式也更为务实（汤水清和李小萍，2016）。

其三，烙印特征将持续影响早期上山下乡知青的日后决策行为。特定阶段的环境特征给个体打上的烙印会持续影响个体行为（Marquis and Tilcsik，2013）。青少年时期是个人偏好形成的敏感时期，个体青少年时期所经历的经济制度变革、政治体制变革等都可能持续影响个体风险偏好及决策行为（Hao et al.，2018）。处于青少年时期的早期上山下乡知青，年纪轻轻便带着失意情绪开始了人生第一份工作③，由于个体进入劳动力市场时的早期经历会影响其风险决策行为（Graham and Narasimhan，2005；Schoar et al.，2017），故青少年时期经历加之初入劳动力市场的早期经历会加深烙印影响的持续性。此外，具有早期上山下乡经历的知青作为上山下乡运动化后的最初一批知青，其在基层生活适应、口粮配额获取、回城机会取得等方面所受苦难的磨砺程度远高于

---

① 知识青年（也称"知青"）指受过学校教育，具有一定文化知识的青年人，特指20世纪六七十年代到农村或边疆参加农业生产的城市知识青年，见《现代汉语词典》（第七版），1678页。
② 中央党校采访实录编辑室.习近平的七年知青岁月［M］.北京：中共中央党校出版社，2017：436。
③ 劳动人事部于1985年6月28日发布的《劳动人事部关于解决原下乡知识青年插队期间工龄计算问题的通知》中规定："由国家统一组织下乡插队的知识青年，在他们到城镇参加工作以后，其在农村参加劳动的时间，可以与参加工作后的时间合并计算为连续工龄。他们参加工作的时间，从下乡插队之日算起。"

后期知青，而这一磨砺期多长达2年至4年①，环境的强烈及持续性影响足以保证烙印影响的深刻、稳定与持久。

4.2.2　董事长烙印特征与民营企业股权质押风险

高管早期 "大饥荒" "上山下乡" 等生活经历多会影响高管的认知框架与风险偏好，如国外CEO早期的 "经济大萧条" 经历会改变其对外部经济形势的风险认知以及资本市场筹资的可信性认知，致使企业资本结构相对保守（表现为厌恶债务融资、依赖内部融资等）（Graham and Narasimhan，2005；Malmendier et al.，2011）；早年 "大饥荒" 经历会增强高管不确定性恐惧进而抑制企业投资行为（沈维涛和幸晓雨，2014），所形成的 "利他" 动机亦会提升企业慈善捐赠水平（许年行和李哲，2016；王营和曹廷求，2017）；董事长早期 "大饥荒" 经历会加深其对风险防范与债务偿还的认知，致使公司债务政策偏于保守（赵民伟和晏艳阳，2015）；董事长上山下乡经历所塑造的风险规避经营风格会提高企业会计稳健性水平（周冬华等，2019）；CEO早期知青经历会因个人成功的自我归因偏差致使企业并购溢价提升（曾春影等，2019）。董事长早期上山下乡经历作为中国独特的高管早期生活经历，其烙印亦会影响董事长的认知框架与风险偏好，进而影响个体行为。

烙印理论认为环境敏感期所形成的特征会持续影响个体日后行为，董事长早期上山下乡经历的烙印特征亦会对决策行为产生持续影响。董事长是把方向、定战略的重要决策者，其作为控股股东本人或密切利害关系人对民营企业股权质押风险影响重大。民营上市企业控股股东虽青睐股权质押获取流动性，但质押股份被强制平仓所带来的控制权丧失风险，是控股股东和董事长均难承受的。故具有早期上山下乡经历的董事长对于民营企业股权质押风险会持抑制态度，原因如下：首先，学业中断、农村生活物资匮乏及劳作艰辛等负面记忆会在日后工作中形成条件反射，导致其对复杂宏观环境的恐惧和预期不确定性的厌恶（Chen et

---

① 即1969年初至1973年，多数人在1971年后陆续通过招工、招干、招生、征兵等途径走出基层。

al., 2018）；其次，具有早期上山下乡经历的董事长对控股股东盲目或过度的并购扩张、杠杆投资、增持、套现、挥霍等行为会持否定态度。知青在经过风浪颠簸后，知道跌进波谷时的空虚和慌乱，面对诱惑或挤压多能保持平稳心态（金大陆，1997），也更为珍惜个人来之不易的发展与变化。此外，董事长作为民营企业控股股东本人或密切利害关系人，具有早期上山下乡经历的董事长对股权质押风险的抑制性努力会产生实质性影响。基于以上分析，提出研究假设4.1。

假设4.1：董事长早期上山下乡经历的烙印特征会抑制民营企业股权质押风险。

区域市场化水平是影响董事长早期上山下乡经历烙印特征对民营企业股权质押风险抑制作用的重要外部治理因素。中国市场化进程存在明显的区域差异性（樊纲等，2011），民营企业所在地的市场化进程情况意味着相应的制度约束与资本自由流动程度。区域市场化水平与董事长早期上山下乡经历对民营企业股权质押风险的抑制影响可能起到叠加作用：一方面，市场化程度较高地区的经济自由化程度、资源可获得性及市场配置效率均较高。这样地区的银行为保证其市场占有率，会降低信贷利率、审批要求并提高审批效率进而提升企业融资的可得性（张璇等，2019）。市场化进程较高地区的融资体系也较发达，民营企业融资渠道更为多元，对股权质押融通资金的依赖相对较小。加之股权质押风险顾虑，具有早期上山下乡经历的董事长对民营企业股权质押风险的抑制作用在市场化程度较高地区可能更强。而市场化程度较低地区的上市企业为扩大投融资规模而进行股权质押时，地方政府为避免企业陷入股权质押风险，可能通过金融机构信贷影响来提供融资支持（宋霞等，2019），此种情形下董事长早期上山下乡经历对民营企业股权质押风险的抑制作用则可能减弱。另一方面，在市场化程度较高地区发展起来的民营上市企业，各种投资诱惑与周遭成败案例伴随其整个成长过程，烙印影响会让董事长对外部各种投资诱惑展现出更强的审慎态度。基于以上分析，拟提出研究假设4.2。

假设4.2：民营企业所在地市场化程度越高，董事长早期上山下乡经历的烙印特征对民营企业股权质押风险的抑制作用越强。

4.3　研究设计

4.3.1　样本选择与数据来源

以 2003 年至 2018 年的中国 A 股民营上市企业为研究对象[①]，通过以下程序进行样本筛选：（1）剔除金融行业样本；（2）剔除 ST 及资产负债率大于 1、小于 0 的样本；（3）剔除当年上市样本；（4）剔除董事长为外籍人士样本；（5）剔除不存在控股股东样本；（6）剔除数据缺失样本，最终获得 12 290 个研究样本。股权质押数据来源于 WIND 与 CSMAR 数据库，公司治理与公司财务等主要数据来源于 CSMAR 数据库。

4.3.2　主要变量构造与说明

（1）董事长早期上山下乡经历烙印特征衡量。参照周冬华等（2019）、曾春影等（2019）以出生年份度量董事长上山下乡经历、CEO 早期上山下乡经历的做法，我们以董事长出生年份测度其是否具有早期上山下乡经历：知识青年大规模上山下乡从 1968 年正式开始，1969 年达到高潮（顾洪章，1997）。早期上山下乡经历是指参与 1968 年和 1969 年上山下乡运动的经历，依据我国 1950 年至 1980 年学龄儿童入学年龄一般为 7 周岁、小学 6 年、初中和高中各 3 年（周广肃等，2020）推测，若出生年份属于 1947 年至 1953 年时，董事长早期上山下乡经历烙印特征变量（$Send\text{-}down1$）取值为 1，否则为 0。出于测量效度考虑，将学历因素加入董事长早期上山下乡经历烙印特征测量，即除出生年份考察外，若董事长具备大专以上学历[②]，$Send\text{-}down2$ 取值为 1，否则为 0。

（2）股权质押风险衡量。由于民营企业股权质押风险主要来源于控股股东[③]股权质押所产生的风险，对股权质押风险采用定性与定量测

[①] 民营企业不包含外资企业、其他企业。
[②] 虽然董事长可能后来深造获得 MBA、EMBA，但根据当时学位获得的一般接续性，具有早期上山下乡经历的董事长有可能为恢复高考后前几批考入高等院校的"幸运儿"。
[③] 为年报披露的控股股东。

量：由于质押风险披露的最低分层标准为50%[1]，若控股股东报告期末股权质押累计股数占其持有股份总数的比例高于50%，*Pledge_Risk1*取值为1，否则为0；以控股股东报告期末股权质押累计股数占其持有股份总数的比例来测量民营企业股权质押风险程度（*Pledge_Risk2*）。

4.3.3 模型设定与变量定义

参考张陶勇和陈焰华（2014）、徐寿福等（2016）、杜丽贞等（2019）等学者相关研究，采用Logit与OLS检验前文假设，具体回归模型如下：

$$Pledge\_Risk = \alpha_0 + \alpha_1 \times Send\text{-}down + \alpha_2 \times Asset + \alpha_3 \times Roa + \alpha_4 \times Debt + \alpha_5 \times Top1 + \alpha_6 \times Board + \alpha_7 \times Indd + \alpha_8 \times Listedage + \sum Year_i + \sum Industry_j + \varepsilon \quad (1)$$

$$Pledge\_Risk = \alpha_0 + \alpha_1 \times Send\text{-}down + \alpha_2 \times Market + \alpha_3 \times Send\text{-}down \times Market + \alpha_4 \times Asset + \alpha_5 \times Roa + \alpha_6 \times Debt + \alpha_7 \times Top1 + \alpha_8 \times Board + \alpha_9 \times Indd + \alpha_{10} \times Listedage + \sum Year_i + \sum Industry_j + \varepsilon \quad (2)$$

模型中 *Pledge_Risk* 为股权质押风险，*Send-down* 为董事长早期上山下乡经历烙印特征，*Market* 为地区市场化程度。以樊纲等（2011）、王小鲁等（2018）的"中国各地区市场化指数"测量地区市场化程度（*Market*）[2]。进行如下控制：*Asset*（企业规模）为第 $t-1$ 年总资产的自然对数；*Roa*（资产收益率）表示第 $t-1$ 年净收益与总资产的比值；*Debt*（资产负债率）为第 $t-1$ 年总负债与总资产的比值；*Top1* 为第 $t-1$ 年大股东持股比例；*Board* 为董事会规模；*Indd* 为董事会独立董事比例；*Listedage* 为已上市时长；加入年度虚拟变量（*Year*）和行业虚拟变量（*Industry*）以控制年度和行业差异[3]。为缓解异常值影响，对所有连续变量的前后1%予以 *winsorize* 处理。

---

[1] 上海证券交易所《第四十六号上市公司股份质押（冻结、解质、解冻）公告》、深圳证券交易所《上市公司股东股份质押（冻结或拍卖等）的公告格式》以控股股东质押比例50%和80%作为质押风险披露的分层标准。

[2] 由于该指数仅更新至2016年，故2017年、2018年市场化指数与2016年一致。

[3] 行业分类采用《上市公司行业分类指引》（2012年修订版），制造业按二级代码分类，其他按一级代码分类。

4.4 实证检验与结果分析

4.4.1 描述性统计与变量间相关系数分析

表4-1为假设检验所用样本的描述性统计结果和变量间的相关系数。在全部观测样本中，约13%的观测样本董事长具有早期上山下乡经历，69%具有早期上山下乡经历的董事长具有大专以上学历，说明改革开放浪潮中成长起来的早期上山下乡董事长多数符合"知识改变命运"这一逻辑。董事长早期上山下乡经历烙印特征变量与股权质押风险变量相关系数显著为负，与假设4.1的预测结果一致。出于多重共线性问题的考虑，我们在实证分析中将相关系数高于0.2的两个变量单独和共同放入模型，回归结果无显著差异，不会产生严重影响。

表4-2检验了早期上山下乡董事长所任职民营企业与对照组企业在股权质押风险方面的统计量差异，从T检验统计值来看，早期上山下乡董事长任职民营企业的股权质押风险水平均显著低于非早期上山下乡董事长的任职企业，说明董事长早期上山下乡经历烙印特征对民营企业股权质押风险具有抑制作用，与假设4.1预测一致。

4.4.2 回归结果及分析

为缓解由样本间特征差异所引起的异方差问题，估计时采用稳健标准误。表4-3中模型1-1至模型1-3采用Logit回归，模型1-2与模型1-3为董事长早期上山下乡经历烙印特征对股权质押风险存在与否（*Pledge_Risk1*）进行检验，结果显示，董事长早期上山下乡经历烙印特征均显著为负。模型1-4至模型1-6采用OLS回归，以股权质押风险程度（*Pledge_Risk2*）作为因变量，结果显示，董事长早期上山下乡经历烙印特征指标均显著为负。以上回归结果表明，董事长早期上山下乡经历烙印特征对股权质押风险具有显著负向的抑制影响，假设4.1得到验证。在控制变量方面，模型1-1至模型1-6中，*Roa*在1%的统计水平上显著为负，说明较高的资产收益率会抑制股权质押风险；资产负债率（*Debt*）

表4-1

描述性统计与变量间相关系数

变量	Mean	Sd	Min	Max	1	2	3	4	5	6	7	8	9	10	11
1.Pledge_Risk1	0.38	0.49	0	1	1										
2.Pledge_Risk2	0.37	0.39	0	1	0.92***	1									
3.Send−down1	0.13	0.33	0	1	−0.08***	−0.08***	1								
4.Send−down2	0.09	0.29	0	1	−0.07***	−0.07***	0.84***	1							
5.Market	8.11	1.69	3.13	10.27	−0.05***	−0.06***	−0.03***	−0.04***	1						
6.Size	21.45	1.01	19.34	24.51	0.16***	0.16***	0.04***	0.05***	0.07***	1					
7.Roa	0.05	0.06	−0.18	0.22	−0.20***	−0.21***	0	0	0.08***	0.02**	1				
8.Debt	0.38	0.2	0.04	0.85	0.23***	0.24***	0.01	0.01	−0.08***	0.41***	−0.27***	1			
9.Top1	33.76	13.72	9.03	70.53	−0.07***	−0.08***	0.04***	0.04***	0.05***	0.10***	0.13***	0	1		
10.Board	8.41	1.52	5	13	−0.04***	−0.05***	0.07***	0.05***	−0.07***	0.14***	0.01	0.13***	−0.08***	1	
11.Indd	0.37	0.05	0.3	0.57	0.02*	0.02*	−0.05***	−0.04***	0.04***	−0.03*	0	−0.06***	0.05***	−0.56***	1
12.Listedage	7.30	5.79	1	23	0.30***	0.33***	−0.01	−0.02*	−0.16***	0.29***	−0.17***	0.39***	−0.19***	0.03**	−0.01*

注：变量间相关系数为Pearson相关系数。*、**、***分别表示在10%、5%、1%的水平上显著，下同。

表4-2　　　　　按董事长早期上山下乡经历分组的控股股东

股权质押描述性统计检验

变量	分组依据	非早期上山下乡董事长		早期上山下乡董事长		T test
		样本数	均值	样本数	均值	
Pledge_Risk1	*Send-down1*	10 736	0.395	1 554	0.277	8.987***
	Send-down2	11 150	0.391	1 140	0.275	7.687***
Pledge_Risk2	*Send-down1*	10 736	0.385	1 554	0.288	9.144***
	Send-down2	11 150	0.382	1 140	0.285	7.903***

越高、上市时间（*Listedage*）越长，股权质押风险可能越高；而较大的董事会规模（*Board*）、较高的独立董事比例（*Indd*）则会产生相应的抑制影响。

表4-3　董事长早期上山下乡经历与民营企业股权质押风险的回归结果

模型	1-1	1-2	1-3	1-4	1-5	1-6
变量	*Pledge_Risk1*			*Pledge_Risk2*		
Send-down1			−0.475***			−0.069***
			(−7.164)			(−7.316)
Send-down2		−0.449***			−0.065***	
		(−5.900)			(−6.104)	
Size	−0.011	0.002	0.001	−0.009**	−0.007	−0.007
	(−0.409)	(0.085)	(0.040)	(−2.046)	(−1.583)	(−1.618)
Roa	−5.671***	−5.721***	−5.739***	−0.936***	−0.940***	−0.943***
	(−13.975)	(−14.040)	(−14.079)	(−15.164)	(−15.238)	(−15.288)
Debt	1.840***	1.808***	1.801***	0.346***	0.340***	0.339***
	(13.199)	(12.933)	(12.875)	(15.399)	(15.149)	(15.101)
Top1	−0.003*	−0.003*	−0.002	−0.000**	−0.000*	−0.000*
	(−1.770)	(−1.656)	(−1.576)	(−2.031)	(−1.923)	(−1.842)

续表

模型	1-1	1-2	1-3	1-4	1-5	1-6
Board	-0.063^{***}	-0.062^{***}	-0.059^{***}	-0.011^{***}	-0.011^{***}	-0.010^{***}
	(-3.734)	(-3.652)	(-3.483)	(-4.014)	(-3.964)	(-3.814)
Indd	-0.785	-0.821^{*}	-0.831^{*}	-0.114	-0.123^{*}	-0.123^{*}
	(-1.630)	(-1.708)	(-1.727)	(-1.548)	(-1.659)	(-1.665)
Listedage	0.075^{***}	0.074^{***}	0.074^{***}	0.015^{***}	0.015^{***}	0.015^{***}
	(17.426)	(17.248)	(17.224)	(20.269)	(20.182)	(20.169)
Constant	-0.551	-0.764	-0.739	0.465^{***}	0.436^{***}	0.439^{***}
	(-0.919)	(-1.273)	(-1.230)	(4.692)	(4.400)	(4.427)
Industry	控制	控制	控制	控制	控制	控制
Year	控制	控制	控制	控制	控制	控制
Obs.	12 290	12 290	12 290	12 290	12 290	12 290
Wald chi2/F	$1\ 698.87^{***}$	$1\ 721.7^{***}$	$1\ 725.91^{***}$	88.43^{***}	87.85^{***}	87.75^{***}
Pseudo /Adj.R^2	0.134	0.136	0.137	0.203	0.206	0.205

注：所有回归均采用稳健标准误，*、**、***分别表示在10%、5%、1%的水平上显著，下同。

为避免引入交乘项可能导致的多重共线性问题，对地区市场化变量（*Market*）进行中心化操作以构建交叉项，进而考察董事长早期上山下乡经历烙印特征对民营企业股权质押风险抑制作用的效应边界。表4-4中模型2-1至模型2-8中*Market*在1%的统计水平上显著为负，意味着较高的市场化程度会抑制股权质押风险。模型2-2与模型2-4中引入市场化程度与董事长早期上山下乡经历烙印特征的交叉项，回归结果表明，交叉项系数在两个模型中均显著为负，说明区较高的地市场化程度增强了董事长早期上山下乡经历烙印特征对股权质押风险的负向影响。模型2-6与模型2-8中交叉项系数均显著为负，说明较高的地区市场化程度增强了董事长早期上山下乡经历烙印特征对股权质押风险水平的负向影响。Logit回归与OLS回归结果与前文假设一致，假设4.2得到支持。

表4-4

市场化调节作用检验的回归结果

模型 变量	2-1	2-2	2-3	2-4	2-5	2-6	2-7	2-8
	Pledge_Risk1				*Pledge_Risk2*			
Send-down1	-0.478***	-0.496***			-0.070***	-0.072***		
	(-7.223)	(-7.468)			(-7.404)	(-7.688)		
Market*Send-down1		-0.099**				-0.014**		
		(-2.427)				(-2.377)		
Send-down2			-0.458***	-0.482***			-0.067***	-0.070***
			(-6.046)	(-6.279)			(-6.302)	(-6.608)
Market*Send-down2				-0.105**				-0.015**
				(-2.216)				(-2.234)
Market	-0.083***	-0.072***	-0.084***	-0.076***	-0.015***	-0.014***	-0.015***	-0.014***
	(-6.028)	(-5.016)	(-6.100)	(-5.310)	(-6.955)	(-5.811)	(-7.021)	(-6.118)
Size	0.010	0.007	0.011	0.009	-0.006	-0.006	-0.005	-0.006
	(0.356)	(0.277)	(0.412)	(0.328)	(-1.309)	(-1.388)	(-1.262)	(-1.337)
Roa	-5.648***	-5.674***	-5.630***	-5.660***	-0.923***	-0.927***	-0.921***	-0.925***
	(-13.859)	(-13.913)	(-13.818)	(-13.870)	(-14.980)	(-15.047)	(-14.929)	(-14.990)
Debt	1.808***	1.817***	1.814***	1.822***	0.339***	0.341***	0.341***	0.342***
	(12.867)	(12.935)	(12.923)	(12.983)	(15.130)	(15.186)	(15.174)	(15.228)

续表

模型	2-1	2-2	2-3	2-4	2-5	2-6	2-7	2-8
Top1	-0.002	-0.002	-0.002	-0.002	-0.000*	-0.000	-0.000*	-0.000*
	(-1.423)	(-1.348)	(-1.502)	(-1.424)	(-1.690)	(-1.619)	(-1.768)	(-1.696)
Board	-0.062***	-0.061***	-0.065***	-0.064***	-0.011***	-0.011***	-0.011***	-0.011***
	(-3.645)	(-3.558)	(-3.815)	(-3.759)	(-4.022)	(-3.948)	(-4.177)	(-4.136)
Indd	-0.869*	-0.859*	-0.859*	-0.852*	-0.132*	-0.130*	-0.132*	-0.131*
	(-1.801)	(-1.780)	(-1.782)	(-1.768)	(-1.794)	(-1.767)	(-1.792)	(-1.779)
Listedage	0.070***	0.071***	0.070***	0.070***	0.014***	0.014***	0.014***	0.014***
	(16.173)	(16.189)	(16.183)	(16.226)	(18.905)	(18.906)	(18.909)	(18.938)
Constant	-1.031*	-1.003*	-1.063*	-1.032*	0.392***	0.397***	0.388***	0.393***
	(-1.703)	(-1.656)	(-1.759)	(-1.706)	(3.961)	(4.006)	(3.923)	(3.972)
Industry	控制	控制	控制	控制	控制	控制	控制	控制
Year	控制	控制	控制	控制	控制	控制	控制	控制
Obs.	12 290	12 290	12 290	12 290	12 290	12 290	12 290	12 290
Wald chi2/F	1736.15***	1740.96***	1730.18***	1732.98***	87.38***	85.84***	87.23***	85.49***
Pseudo /Adj.R²	0.139	0.140	0.138	0.139	0.207	0.207	0.206	0.206

4.4.3　稳健性检验

为保证上述结论的稳健性，进行如下检验。

1.遗漏变量方面

董事长早期上山下乡经历天然的外生属性较好地克服了"经历影响高管特质，亦或高管特质影响经历选择"的自选择问题。然而，董事长早期上山下乡经历虽是个人无法选择的外生信息，但董事长早期上山下乡经历烙印特征对民营企业股权质押风险的影响也可由前文实证研究中未考察的遗漏变量引起。采用工具变量法降低遗漏变量方面的偏误。以董事长是否具有童年或青少年时期饥荒经历作为董事长早期上山下乡经历的工具变量。三年困难时期为1959年、1960年、1961年，参照Malmendier (2011)、沈维涛和幸晓雨（2014）、许年行和李哲（2016）、王营和曹廷求（2017）的做法，将出生年份为1946年至1954年认定为具有童年或青少年时期饥荒经历。由于具有早期上山下乡经历的董事长都会有童年或青少年时期饥荒经历，所以该变量与内生变量强相关。此外，该变量的外生属性特征也在理论上表明该工具变量与其他解释变量均具备较强的外生性。故以董事长是否具有童年或青少年时期饥荒经历（*Famine*）作为董事长早期上山下乡经历的工具变量，使用稳健标准误进行两阶段最小二乘法（2SLS）回归，检验结果显示，*Send-down* 与 *Famine* 在1%的水平上显著正相关且通过弱工具变量检验。出于稳健考虑，亦采用LIML法，所得结果与2SLS一致，从而从侧面印证了不存在弱工具变量问题。

由于工具变量法的前提是董事长早期上山下乡经历为内生解释变量，我们进行了Hausman（同方差前提）检验、异方差下更为稳健的Durbin-Wu-Hausman（DWH）检验，P值均小于0.06，故可认为董事长早期上山下乡经历烙印特征为内生解释变量。

鉴于所用的模型为恰好识别模型，通过安慰剂检验来验证工具变量的外生性。董事长的童年或青少年时期饥荒经历也可能通过除早期上山下乡经历之外的其他渠道影响民营企业股权质押风险，虽然后文尽可能控制了董事长两职兼任、性别、年龄、宏观经济周期等可能影响，但难以控制完全。故以不具有早期上山下乡经历的董事长来重新构造样本，考察董事长童年或青少年时期饥荒经历对民营企业股权质押风险是否存在显著影响。之所以如此设计安慰剂检验，是因为早期上山下乡经历影响机制仅存在于具有早期上山下乡经历的董事长，而其他机制的影响则对有无早期上山下乡经历的董事长均存在。对重构样本检验后发现，工具变量对无早期上山下乡经历董事长所在企业股权质押风险无显著影响，见表4-5，可以排除其他影响机制的存在。以上弱工具变量、外生性检验结果表明，前文假设检验结果受内生性问题严重影响的可能性较小。

表4-5　工具变量对非早期上山下乡董事长样本的股权质押风险影响检验

模型	3-1	3-2
变量	*Pledge_Risk1*	*Pledge_Risk2*
Famine	−0.069 (−0.646)	−0.004 (−0.274)
Other control variables	控制	控制
Obs.	10 736	10 736
Wald chi2/F	1 525.21***	78.93***
Pseudo /Adj.R^2	0.136	0.203

此外，还测试以下因素的影响：

（1）董事长是否兼任总经理（两职合一）。董事长兼任总经理时，其对于公司整体把握更为精准，可能因其整体掌控力而影响股权质押风险。鉴于此，将董事长与总经理两职合一变量（*Dual*）引入前文实证模型，前文实证结果仍然成立。

（2）董事长性别。将董事长性别变量（*Gender*）引入前文实证模型，测试结果与前文一致。

（3）董事长年龄。将董事长年龄变量（*Dszage*）引入前文实证模型检验（表4-6），*Dszage*显著为负，说明董事长年龄越大，越可能抑制股权质押风险。控制*Dszage*变量后，前文实证结果未发生重大改变。由于*Dszage*与*Send-down1*、*Send-down2*的变量相关程度较高，下文将进一步排查董事长年龄对结论的可能影响。

表4-6 加入董事长年龄变量后的回归检验

模型	Pledge_Risk1				Pledge_Risk2			
变量	4-1	4-2	4-3	4-4	4-5	4-6	4-7	4-8
Send-down1	-0.219***		-0.239***		-0.026**		-0.028***	
	(-2.890)		(-3.142)		(-2.400)		(-2.607)	
Market_Send-down1			-0.094**				-0.013**	
			(-2.324)				(-2.234)	
Send-down2		-0.186**		-0.218***		-0.022*		-0.026**
		(-2.243)		(-2.615)		(-1.886)		(-2.269)
Market_Send-down2				-0.100**				-0.014**
				(-2.123)				(-2.107)
Market			-0.074***	-0.077***			-0.014***	-0.014***
			(-5.101)	(-5.354)			(-5.958)	(-6.222)
Dszage	-0.022***	-0.023***	-0.022***	-0.023***	-0.004***	-0.004***	-0.004***	-0.004***
	(-6.900)	(-7.814)	(-6.898)	(-7.789)	(-7.742)	(-8.607)	(-7.776)	(-8.617)
Other control variables	控制	控制	控制	控制	控制	控制	控制	控制
Obs.	12 290	12 290	12 290	12 290	12 290	12 290	12 290	12 290
Wald chi2/F	1749.05***	1748.81***	1763.93***	1760.31***	87.96***	88.047***	86.037***	85.892***
Pseudo /Adj.R^2	0.140	0.140	0.143	0.142	0.207	0.207	0.211	0.211

（4）宏观经济周期影响。宏观经济周期会影响公司投融资行为（Dittmar，2008），故可能影响股权质押风险。借鉴徐寿福等（2016）的做法，采用企业景气指数（BCI）测量宏观经济周期（*Macro*）以控制宏观经济周期对股权质押风险的影响。当 $100 < BCI \leqslant 110$ 时为微景气，取值为0；$110 < BCI \leqslant 120$ 时为相对景气，取值为1；$120 < BCI \leqslant 150$ 时为景气，取值为2。将宏观经济周期变量引入模型后，*Macro* 显著为负，表明经济较为景气时，股权质押风险会更小。在控制宏观经济周期影响后，前文实证结果依然稳健。

2. 样本方面

（1）为进一步排除"年长"董事长对研究结论的影响，以董事长年龄的60岁为界对样本分组，检验结果（表4-7）发现：董事长年龄大于等于60岁的样本中，董事长早期上山下乡经历烙印特征对股权质押风险缺乏稳健影响；而董事长年龄小于60岁的样本中，董事长早期上山下乡经历烙印特征对股权质押风险具有显著负向影响，这为我们排除董事长年龄对研究结论的影响提供了一定证据支持。

表4-7 董事长年龄分组的董事长早期上山下乡经历与股权质押风险回归结果

模型	5-1	5-2	5-3	5-4	5-5	5-6	5-7	5-8
分组	董事长年龄小于60岁				董事长年龄大于等于60岁			
变量	*Pledge_Risk1*		*Pledge_Risk2*		*Pledge_Risk1*		*Pledge_Risk2*	
Send-down1	-0.391***		-0.052***		-0.108		-0.005	
	(-2.973)		(-2.717)		(-0.951)		(-0.340)	
Send-down2		-0.484***		-0.074***		-0.001		0.011
		(-3.095)		(-3.481)		(-0.007)		(0.721)
Other control variables	控制	控制	控制	控制	控制	控制	控制	控制
Obs.	10 185	10 185	10 185	10 185	2 095	2 095	2 105	2 105
Wald chi2/F	1 469.04***	1 468.53***	75.399***	75.631***	329.46***	330.25***	20.513***	20.655***
Pseudo /Adj.R²	0.138	0.138	0.202	0.203	0.163	0.163	0.228	0.228

（2）若民营企业大股东非绝对控股股东，董事长早期上山下乡经历烙印特征对股权质押风险的抑制影响是否仍存在。根据《上市公司收购管理办法》对实际控制情形的认定，以控股股东持股比例30%为界，对样本分组检验，结果（表4-8）表明，即便控股股东持股比例低于30%，

董事长早期上山下乡经历烙印特征对股权质押行风险的抑制作用仍稳健。

表4-8　　控股股东持股比分组的董事长早期上山下乡经历与
股权质押风险回归结果

模型	6-1	6-2	6-3	6-4	6-5	6-6	6-7	6-8
分组	控股股东持股比小于30%				控股股东持股比大于等于30%			
变量	*Pledge_Risk1*		*Pledge_Risk2*		*Pledge_Risk1*		*Pledge_Risk2*	
Send-down1	-0.483***		-0.071***		-0.446***		-0.059***	
	(-4.839)		(-4.588)		(-4.895)		(-4.957)	
Send-down2		-0.496***		-0.071***		-0.395***		-0.053***
		(-4.318)		(-4.153)		(-3.782)		(-3.863)
Other control variables	控制	控制	控制	控制	控制	控制	控制	控制
Obs.	5 637	5 637	5 637	5 637	6 651	6 651	6 653	6 653
Wald chi2/F	765.98***	770.42***	40.843***	40.991***	1 034.09***	1 032.14***	96.604***	97.603***
Pseudo /Adj.R²	0.129	0.129	0.186	0.185	0.160	0.159	0.235	0.234

3.变量替换方面

（1）因变量替换。以控股股东报告期末股权质押累计股数的对数，即 ln（股权质押累计股数+1）为 *Pledge_Risk3*；以控股股东报告期末股权质押累计股数占公司股份总数的比例来测量股权质押风险程度（*Pledge_Risk4*），回归结果（表4-9和表4-10）仍与前文一致。

表4-9　　　　　因变量替换的回归检验结果

模型	7-1	7-2	7-3	7-4	7-5	7-6
变量	*Pledge_Risk3*			*Pledge_Risk4*		
Send-down1		-1.270***			-0.024***	
		(-5.685)			(-7.294)	
Send-down2			-1.203***			-0.025***
			(-4.786)			(-6.573)
Other control variables	控制	控制	控制	控制	控制	控制
Obs.	12 290	12 290	12 290	12 290	12 290	12 290
F	106.869***	105.049***	105.216***	76.877***	76.018***	75.884***
Adj.R²	0.209	0.212	0.211	0.217	0.220	0.219

表4-10　因变量替换后地区市场化调节作用的回归检验结果

模型 变量	Pledge_Risk3				Pledge_Risk4			
	8-1	8-2	8-3	8-4	8-5	8-6	8-7	8-8
Send-down1	-1.279*** (-5.754)	-1.342*** (-6.040)			-0.025*** (-7.383)	-0.025*** (-7.650)		
Market_Send-down1		-0.472*** (-3.456)				-0.005*** (-2.607)		
Send-down2			-1.237*** (-4.946)	-1.310*** (-5.219)			-0.025*** (-6.772)	-0.026*** (-7.038)
Market_Send-down2				-0.391** (-2.502)				-0.005** (-2.167)
Market	-0.307*** (-6.446)	-0.251*** (-4.998)	-0.310*** (-6.505)	-0.276*** (-5.557)	-0.005*** (-7.144)	-0.005*** (-5.941)	-0.005*** (-7.220)	-0.005*** (-6.335)
Other control variables	控制	控制	控制	控制	控制	控制	控制	控制
Obs.	12 290	12 290	12 290	12 290	12 290	12 290	12 290	12 290
F	104.123***	102.480***	104.347***	102.299***	75.404***	74.083***	75.277***	73.825***
Adj.R²	0.214	0.215	0.214	0.214	0.224	0.224	0.223	0.223

（2）自变量替换。以1947年至1961年的出生年份测量董事长早期上山下乡经历烙印特征，检验结果（表4-11）与前文一致。

表4-11　　　　　　　　自变量替换的回归检验结果

模型	9-1	9-2	9-3	9-4	9-5	9-6
变量	Pledge_Risk1			Pledge_Risk2		
Send-down	−0.275***	−0.280***	−0.281***	−0.042***	−0.042***	−0.042***
	(−6.338)	(−6.436)	(−6.452)	(−6.216)	(−6.321)	(−6.363)
Market_Send-down			−0.076***			−0.012***
			(−3.628)			(−3.874)
Market		−0.084***			−0.015***	
		(−6.093)			(−6.984)	
Other control variables	控制	控制	控制	控制	控制	控制
Obs.	12 290	12 290	12 290	12 290	12 290	12 290
F	1 707.64***	1 716.81***	1 714.18***	86.922***	86.448***	85.435***
Adj.R^2	0.136	0.138	0.137	0.203	0.206	0.204

4.Placebo test

若前文结论在董事长任何出生年份均存在，则前文结果的显著性将失去统计意义。为此，采用安慰剂检验，将董事长早期上山下乡经历烙印特征的出生年份区间由原来的1947年至1953年向后推迟10年（1957年至1963年）和20年（1967年至1973年），并设置相应虚拟变量（Delay10与Delay20）替换Send-down变量。检验后发现（结果见表4-12）：无论推迟10年、推迟20年，相应回归系数均不存在显著负相关结果。这说明，以出生年份定义董事长早期上山下乡经历烙印特征所得显著性结果具有统计意义，研究结论未受到其他因素严重干扰。

表4-12

Placebo Test

模型	10-1	10-2	10-3	10-4	10-5	10-6	10-7	10-8
变量	Pledge_Risk1				Pledge_Risk2			
Delay10	-0.020		-0.019		-0.001		-0.001	
	(-0.449)		(-0.433)		(-0.174)		(-0.123)	
Market_Delay10			0.014				0.007*	
			(0.542)				(1.738)	
Delay20		0.171***		0.167***		0.026***		0.025***
		(3.244)		(3.165)		(3.058)		(3.030)
Market_Delay20				0.045				0.001
				(1.499)				(0.292)
Market			-0.087***	-0.091***			-0.018***	-0.015***
			(-5.378)	(-6.034)			(-6.797)	(-6.404)
Other control variables	控制	控制	控制	控制	控制	控制	控制	控制
Obs.	12 290	12 290	12 290	12 290	12 290	12 290	12 290	12 290
Wald chi2/F	1 699.02***	1 700.24***	1 708.18***	1 709.67***	86.335***	86.451***	84.101***	84.012***
Pseudo /Adj.R²	0.134	0.134	0.136	0.137	0.200	0.201	0.204	0.204

4.5 进一步分析

4.5.1 股权质押风险多寡的分组检验

董事长早期上山下乡经历烙印特征对民营企业股权质押风险的抑制作用在何种情况下更为突显也是有待探讨的问题。对于资金饥渴与股权质押风险，董事长在早期上山下乡经历的烙印影响下更可能以"两害相权取其轻"的态度对待。当股权质押风险水平较高时，董事长早期上山下乡经历对股权质押风险的抑制作用会更为强烈，以防股权质押风险进一步加剧。

为防范化解股权质押风险，引导控股股东自主合理控制质押比例，上海证券交易所《关于修订上市公司股份质押（冻结、解质、解冻）公告格式指引的通知》、深圳证券交易所《上市公司股东股份质押（冻结或拍卖等）的公告格式》中均以控股股东质押比例50%和80%作为质押风险披露的分层标准。故以50%、80%的控股股东股权质押比例为界对前文主效应进行分组检验。表4–13为股权质押风险多寡的分组检验，结果表明，在控股股东股权质押比例低于50%、高于80%组别中 *Send-down* 系数均缺乏显著性支持，而质押比例位于50%至80%组别（模型11–3与模11–4）中董事长早期上山下乡经历的系数显著为负，说明董事长早期上山下乡经历对民营企业股权质押风险的抑制作用主要体现在控股股东股权质押比例处于50%至80%时。当控股股东股权质押比例高达50%至80%时，董事长早期上山下乡经历的烙印影响更为突出，抑制股权质押风险进一步提升。

4.5.2 "股权质押新规"下董事长早期上山下乡经历烙印特征对民营企业股权质押风险影响的检验

进一步的问题是，董事长早期上山下乡经历烙印特征对民营企业股权质押风险的抑制作用是否一直稳定存在，在历经某种外生冲击

表4-13 股权质押风险多寡的分组检验

模型	11-1	11-2	11-3	11-4	11-5	11-6
变量			*Pledge_Risk2*			
质押比例分组	0<比例≤50%		50%<比例≤80%		80%<比例≤100%	
Send-down1	-0.008		-0.012*		0.003	
	(-0.998)		(-1.705)		(0.894)	
Send-down2		-0.006		-0.016**		0.005
		(-0.656)		(-2.017)		(1.016)
Size	-0.011***	-0.011***	-0.001	-0.000	-0.005***	-0.005***
	(-2.739)	(-2.755)	(-0.187)	(-0.176)	(-3.988)	(-4.025)
Roa	-0.245***	-0.244***	-0.080**	-0.082**	-0.097***	-0.097***
	(-4.390)	(-4.366)	(-1.992)	(-2.033)	(-5.170)	(-5.156)
Lev	0.100***	0.100***	0.019	0.018	0.009	0.009
	(4.879)	(4.886)	(1.325)	(1.303)	(1.421)	(1.429)
Top1	-0.001***	-0.001***	-0.000**	-0.000**	-0.000***	-0.000***
	(-3.622)	(-3.639)	(-2.221)	(-2.237)	(-4.631)	(-4.617)

续表

模型	11-1	11-2	11-3	11-4	11-5	11-6
变量			*Pledge_Risk2*			
质押比例分组	0<比例≤50%		50%<比例≤80%		80%<比例≤100%	
Board	-0.001	-0.001	0.000	0.001	0.001	0.001
	(-0.617)	(-0.613)	(0.254)	(0.286)	(0.677)	(0.713)
Indd	-0.024	-0.022	-0.036	-0.033	0.050*	0.050*
	(-0.373)	(-0.349)	(-0.743)	(-0.684)	(1.938)	(1.947)
Listedage	0.003***	0.003***	0.002***	0.001***	0.002***	0.002***
	(4.416)	(4.411)	(3.631)	(3.594)	(9.404)	(9.435)
Constant	0.520***	0.519***	0.666***	0.665***	1.059***	1.060***
	(5.646)	(5.628)	(9.644)	(9.619)	(37.879)	(37.843)
Industry	控制	控制	控制	控制	控制	控制
Year	控制	控制	控制	控制	控制	控制
Obs.	2 516	2 516	1 844	1 844	2 832	2 832
F	5.12***	5.10***	2.12***	2.14***	8.46***	8.47***
Adj.R²	0.063	0.063	0.024	0.025	0.097	0.098

时，这种影响在冲击前后是否存有差异。2013年5月24日，证监会颁布的《股票质押式回购交易及登记结算业务办法（试行）》（以下简称"股权质押新规"），为检验以上问题提供了一个绝好的外生冲击事件。

股权质押由场内质押和场外质押两部分构成，2013年5月24日前的股权质押业务以场外质押为主，其资金融出方多为银行和信托且融资成本较高，平仓操作亦较繁琐；2013年5月24日后场内质押业务因其标准化资产处置优势而逐渐成为主流，其资金融出方多为券商，此方式融资成本较低，平仓操作亦较简便。相比而言，以券商为主的场内股票质押业务颇受上市企业偏爱，"股权质押新规"实施则被业界公认为"开闸放水"的标志性事件。场内质押业务的兴起让上市企业控股股东可以较低融资成本、较便捷的质押操作获得资金融入，故民营企业股权质押风险可能因该事件而得到放大。"股权质押新规"实施后，在股权质押操作较为盛行的氛围下，董事长早期上山下乡经历烙印特征对民营企业股权质押风险的抑制作用可能更为突出。

鉴于2018年3月《股票质押式回购交易及登记结算业务办法（2018年修订）》、2018年5月《关于证券公司办理场外股权质押交易有关事项的通知》对场外质押业务规范文件的限制性影响影响，剔除2018年样本，以2013年为时间节点设置"股权质押新规"虚拟变量（Cut），2013年至2017年取为1，其余年份为0。表4-14为"股权质押新规"下董事长早期上山下乡经历烙印特征对民营企业股权质押风险影响的检验结果，模型12-1至模型12-8中Cut均在1%的统计水平上显著为正，这表明，"股权质押新规"实施对于民营企业股权质押风险均有积极促进作用。模型12-2、模型12-4、模型12-8中引入"股权质押新规"实施与董事长早期上山下乡经历烙印特征的交叉项，回归结果表明，交叉项系数虽均为负但未获显著性支持。模型12-6中交叉项系数显著为负，说明董事长早期上山下乡经历烙印特征对股权质押风险的负向影响在"质押新规"实施后得到增强，这一结果也进一步验证了前文假设的合理性。

表4-14　"新规"下董事长早期上山下乡经历烙印特征对民营企业股权质押风险的影响

| 模型 | Pledge_Risk1 | | | | Pledge_Risk2 | | | |
变量	12-1	12-2	12-3	12-4	12-5	12-6	12-7	12-8
Send-down1	-0.499***	-0.375***			-0.072***	-0.050***		
	(-7.185)	(-3.489)			(-7.304)	(-3.416)		
Cut_Send-down1		-0.208				-0.040**		
		(-1.495)				(-2.047)		
Send-down2			-0.472***	-0.465***			-0.069***	-0.065***
			(-5.933)	(-3.703)			(-6.198)	(-4.059)
Cut_Send-down2				-0.012				-0.007
				(-0.075)				(-0.335)
Cut	0.816***	0.839***	0.818***	0.819***	0.147***	0.152***	0.147***	0.148***
	(9.049)	(9.149)	(9.064)	(8.981)	(10.591)	(10.733)	(10.594)	(10.512)
Size	0.000	-0.000	0.002	0.002	-0.007	-0.007	-0.007	-0.007
	(0.017)	(-0.007)	(0.068)	(0.065)	(-1.469)	(-1.498)	(-1.423)	(-1.430)
Roa	-5.625***	-5.631***	-5.602***	-5.603***	-0.924***	-0.926***	-0.921***	-0.922***
	(-13.086)	(-13.108)	(-13.037)	(-13.034)	(-14.047)	(-14.074)	(-13.990)	(-13.985)

续表

模型	12-1	12-2	12-3	12-4	12-5	12-6	12-7	12-8
Debt	1.807***	1.807***	1.813***	1.813***	0.343***	0.343***	0.344***	0.344***
	(12.324)	(12.311)	(12.385)	(12.383)	(14.526)	(14.497)	(14.570)	(14.564)
Top1	-0.002	-0.002	-0.002	-0.002	-0.000	-0.000	-0.000*	-0.000*
	(-1.109)	(-1.099)	(-1.194)	(-1.193)	(-1.570)	(-1.558)	(-1.656)	(-1.654)
Board	-0.054***	-0.055***	-0.058***	-0.058***	-0.010***	-0.010***	-0.011***	-0.011***
	(-3.093)	(-3.130)	(-3.277)	(-3.277)	(-3.543)	(-3.571)	(-3.700)	(-3.701)
Indd	-0.688	-0.689	-0.679	-0.679	-0.115	-0.114	-0.115	-0.115
	(-1.375)	(-1.378)	(-1.358)	(-1.357)	(-1.496)	(-1.482)	(-1.492)	(-1.487)
Listedage	0.075***	0.075***	0.075***	0.075***	0.015***	0.015***	0.015***	0.015***
	(16.401)	(16.375)	(16.421)	(16.421)	(18.869)	(18.836)	(18.877)	(18.874)
Constant	-0.549	-0.540	-0.580	-0.579	0.492***	0.493***	0.488***	0.488***
	(-0.862)	(-0.847)	(-0.910)	(-0.908)	(4.737)	(4.743)	(4.696)	(4.697)
Industry	控制	控制	控制	控制	控制	控制	控制	控制
Year	控制	控制	控制	控制	控制	控制	控制	控制
Obs.	11 226	11 226	11 226	11 226	11 227	11 227	11 227	11 227
Wald chi2/F	1 594.24***	1 601.19***	1 589.40***	1 589.98***	71.42***	69.83***	70.95***	69.26***
Pseudo /Adj.R²	0.139	0.139	0.138	0.138	0.205	0.205	0.203	0.203

4.6　本章小结

本章基于烙印理论分析董事长早期上山下乡经历这一烙印特征对民营企业股权质押风险的影响，研究发现：董事长早期上山下乡经历烙印特征对民营企业股权质押风险具有显著抑制作用；民营企业所在地市场化程度越高，此种抑制作用越强。董事长早期上山下乡经历烙印特征对民营企业股权质押风险的抑制作用主要体现在控股股东股权质押比例为50%至80%时；在以2013年5月"股权质押新规"实施为外生冲击事件的检验则发现，董事长早期上山下乡经历烙印特征对民营企业股权质押风险的负向影响在"股权质押新规"实施后得到增强，说明董事长早期上山下乡经历的烙印影响在资本市场高涨的股权质押氛围中更为突出，这也进一步验证了假设的合理性。

本章研究的贡献主要体现在：第一，基于烙印理论从董事长早期上山下乡经历的烙印特征视角丰富了股权质押风险游戏因素研究。区别于以往文献侧重于企业层面考察股权质押风险成因，聚焦决策层面"人"的因素，从董事长早期生活经历角度提取了新的经验证据。第二，聚焦董事长早期上山下乡经历的烙印特征，为知青高管研究提供了有益补充。由高管早期上山下乡经历所塑造的高管异质性是我国独有的异质性元素，是高管异质性研究的中国元素。已有研究虽涉及董事长、CEO早期上山下乡经历对企业财务行为（周冬华等，2019）、并购行为（曾春影，2019）的影响，但有待加强，进一步从"股权质押风险"维度进行的研究为知青高管研究提供了新的补充。

本章结论具有一定理论与政策启示：其一，知青类中国高管早期经历具有较强的中国本土管理学研究色彩，其研究结论对于中国本土管理现象的解答更具说服力。其二，本研究发现董事长早期上山下乡经历的烙印特征会抑制民营企业股权质押风险，其启示在于，证监会、证监局、上市公司协会所开展的"防范股权质押风险"宣讲与辅导应着力关注民营企业的董事长群体，严把"董事长关"将有助于民营企业股权质押风险防范。其三，民营企业高质量发展离不开独具特色的企业文化，民营企业文化的构建应充分挖掘董事长经历的积极元素并将之提升、放大。若董事长个人经历的积极文化元素不以企业文化形式吸收固化，其将随董事长个人逐渐退出企业决策而趋于消亡。其四，民营企业董事长与控股股东不应偏离主业高负债扩张，追风蹭热涉足自身不熟悉的行业，在积极进行主业基础上的改革创新和多元化发展的同时，也应谨慎对待股权质押融资，尤其是控股股东股权质押比例已处于 50% 至 80% 时。

第5章　新型政商关系与民营企业
股权质押风险检验研究

5.1　研究问题的提出

2017年以来中国A股"无股不押"报道频频出现，多家上市公司因股价大幅波动而股权质押"暴雷"，股权质押的系统性风险激增。例如，西部证券因股权质押业务"踩雷"乐视网而计提合计9.61亿元的资产减值准备。2018年11月1日，习近平总书记在民营企业座谈会上指出："对有股权质押平仓风险的民营企业，有关方面和地方要抓紧研究采取特殊措施，帮助企业渡过难关，避免发生企业所有权转移等问题。"2020年10月9日，国务院印发的《关于进一步提高上市公司质量的意见》在解决上市公司突出问题中又特别提到"积极稳妥化解上市公司股票质押风险"。由于上市公司控制权的非正常转移会诱发经营动荡、股价崩盘等恶性后果，故防范化解上市公司股权质押风险是监管层与学界持续关注的热点问题。已有研究从缓解融资约束（Peng et al., 2011;

张陶勇和陈焰华，2014；杜丽贞等，2019)、市值管理（李旎和郑国坚，2015)、掏空（吴静，2016；杜丽贞等，2019)、股票错误定价和信贷政策（徐寿福等，2016)、控股股东股权质押行为的同群效应（杨松令等，2020)、超额商誉（何苏燕和任力，2021) 等方面考察了股权质押行为的诱因，但对政商关系这一中国企业所面临的重要制度环境的探讨较少。

中国市场化改革的渐进性让政府仍在一定程度上掌握部分关键资源的分配权（Zhou et al.，2017)。在政治和经济资源向国有企业倾斜的背景下，民营企业一直面临着融资困境。由于股权质押具有良好的流动性与变现性、既能进行债务融资又能维持控股股东控股地位的优点，因此民营上市企业控股股东多通过股权质押获取资金，以缓解企业流动性危机、进行杠杆投资、并购扩张、增持股份、套现等。然而，不合理的投融资与经营行为将加大民营企业股权质押风险。在制度环境层面，"亲""清"新型政商关系可从政策引导、对企业关心与服务、税收优惠、政府廉洁度与政府透明度等方面影响民营企业融资、投资和经营行为，进而降低民营企业股权质押风险。"亲""清"新型政商关系作为"亲而不清""清而不亲"政商关系的改进优化，可能为中国民营企业股权质押风险的化解提供一个可行的解决方案。

本章使用中国人民大学国家发展与战略研究院发布的《中国城市政商关系排行榜》中的"亲""清"新型政商关系健康指数考察新型政商关系及"亲""清"维度对民营企业股权质押风险的影响。

5.2 理论分析与研究假设

"亲而不清"政商关系在市场、法制等正式制度不完善情形下，可以非正式制度的形式发挥资源配置、产权保护等作用。民营企业在"亲而不清"政商关系中热衷于通过与官员的私人联系获取特殊政策性资源支持与合法性保护，便于快速扩张或垄断经营。党的十八大以来，中央反腐行动与法治建设成效显著，"亲而不清"的政商关系难以为继（李后建和张剑，2015)。反腐威慑让有的官员对企业家避之不及，政商关系由"亲而不清"向"清而不亲"转变。"清而不亲"政商关系中，政务懈怠让企业难以获得高效政府服务，企业融资难、融资贵等制约发展的关键问题也更为突出（周俊等，2019；江炎骏，2020）。2016年3月4日，习近平总书记在看望参加全国政协十二届四次会议的民建、工商联委员时，第一次用"亲"和"清"两个字精辟概括并系统阐述了新型政商关系。这有利于矫正一度畸形的政商关系，促使这一重要的社会关系尽快走上正轨。"亲""清"新型政商关系要求政府减少对微观经济的过度干扰，让政府从资源分配者转变为市场制度改进者和公共物品供给者，从政策机会、资源获取、经营信心等方面全方位改变民营企业投资、融资和经营倾向。"亲""清"新型政商关系有利于企业创新（管考磊，2019；周俊等，2019）、提升信贷资源与企业融资需求的匹配度（丁浩和方盈赢，2019）、增强企业竞争优势（江炎骏，2020）。

政商关系从"亲""清"维度可归纳为"亲而不清""清而不亲""亲近清白"三种。在"亲而不清"政商关系状态下，政府与市场边界不清晰，政府官员拥有过多自由裁量权而监督滞后（周俊等，2019）。政府官员可通过手中的自由裁量权谋求短期经济增长、财政收入（聂辉华等，2017）、个人晋升机会与物质利益等（周俊等，2020）。企业也习惯于通过与官员的私人关系突破所有制壁垒，获取特殊政策性资源（如市场保护、生产与销售许可、政府采购合同、财政补贴、低价土地、税收减免优惠贷款、行政检查中纵容与包庇、加急或破例审批等）。企业与地方政府官员过从甚密可能给企业投融资决策带来潜在经营风险与决策风险（徐业坤和李维安，2016）。同时，企业为构筑与维系官员私人关系将支付不菲的寻租成本。在"清而不亲"政商关系状态下，政商交往被主观有意割裂，致使政商互动与信息交换机制不畅。政府官员不敢随意"亲近"企业，也对企业合理诉求不关心、不作为，"多一事不如少一事"。企业也难以通过官员私人关系获得针对性资源支持，如"不拿钱也不办事"现象。"亲近清白"政商关系（"亲""清"新型政商关系）则修正了"亲而不清"与"清而不亲"政商关系的弊端，将政商交往明晰为以"清白"为基准的"亲近"，既符合政商接触无法避免的客观实际，又让政府主动为企业服务排除顾虑。

"亲""清"新型政商关系可从政策不确定性、交易成本、持续发展方面降低民营企业股权质押风险，具体为：首先，"亲""清"新型政商关系降低了财政、税收、产业等方面的政策不确定性，让民营企业有较稳定的经营预期，不盲目扩张或多元化经营；其次，"亲""清"新型政商关系下，政府将大力发展信息分析、咨询、融资等市场中介服务企业，缓解市场主体间的信息不对称，降低市场交易的不确定性，进而降低民营企业的交易成本；再次，"亲""清"新型政商关系让民营企业集中精力于经营与核心竞争力构筑，无须为寻租而专营，也切断了为不切实际快速扩张获得特殊资源支持的非分之想。综上，"亲""清"新型政商关系削弱了"亲而不清""清而不亲"的弊端，抑制了民营企业股权质押倾向，进而削弱股权质押风险。据此，拟提出研究假设5.1。

假设5.1：新型政商关系对民营企业股权质押风险具有抑制作用。

新型政商关系的"亲"维度主要体现在政府对企业关心、对企业服务和企业税收负担上（聂辉华等，2020）。当新型政商关系的亲近程度较高时，政府与企业沟通顺畅，政府官员可通过企业走访、视察、座谈方式了解企业现实诉求与经营困难。政府通过加大基础设施建设、提升金融服务、发展市场中介、提升电子政务效率等为企业提供完善服务。政府官员也将依据企业现实情况，制定税收减免政策，进而降低企业税费负担。新型政商关系的亲近程度会对民营企业股权质押风险产生三方面影响：其一，政府与企业的充分沟通有助于企业把握政府目前政策支持领域及未来政策走向，对其投资与融资行为修正意义重大；其二，政府与企业的直接沟通有助于政府切实了解企业当下的现实困难，让基础设施建设、金融服务、市场中介建设和税收等政策的制定更贴近实际，从服务层面降低企业制度性成本、运营成本和税收成本；其三，政府与企业的深入沟通可为企业在原则范围内进行有一定针对性的资源协调，纾解企业燃眉之急。综上，新型政商关系的"亲"维度可从政策层面和融资层面抑制民营企业股权质押倾向，进而降低股权质押风险。据此，拟提出研究假设5.2。

假设5.2：新型政商关系的"亲"维度对民营企业股权质押风险具

有抑制作用。

新型政商关系的"清"维度主要体现为政府廉洁度与政府透明度（聂辉华，2020）。当新型政商关系的清白程度较高时，由于政府官员清廉度高，政府官员敢于与企业积极接触，了解企业发展诉求。较高的行政透明度让政府资源分配与行政审批更为公开、公平、公正。新型政商关系的清白程度对民营企业股权质押风险可能产生两方面影响：其一，寻租支出是企业重要的交易成本（万华林、陈信元，2010），较高的行政透明度降低了寻租空间，而较高的政府清廉度则降低了政商关系构建的大量寻租投入，进而降低了企业交易成本；其二，新型政商关系的"清"维度会增强民营企业控股股东持续经营的信心。在清白的新型政商关系中，控股股东对民营企业经营信心更强，其经营意志多为长久可持续，而非套现、挥霍、离场。综上，新型政商关系的"清"维度可从交易成本层面和经营信心层面抑制民营企业股权质押倾向，进而降低了股权质押风险。据此，拟提出研究假设5.3。

假设5.3：新型政商关系的"清"维度对民营企业股权质押风险具有抑制作用。

从前文政商关系"亲而不清"→"清而不亲"→"亲近清白"的演进分析可知，政商关系的"清白"是"亲近"的前提基础，"亲近清白"就是"清上加亲""亲中守清"。作为新型政商关系的基础制度载体，新型政商关系的"清"维度可在新型政商关系的"亲"维度与民营企业股权质押风险中起到中介作用。具体分析如下：首先，新型政商关系的清白程度对亲近程度具有促进作用，"清白"让政府与民营企业均敢于"亲近"对方；其次，新型政商关系的"清"维度让"亲而不清"政商关系中合规、合理的接触方式合法化，转化为正式的合法实践；再次，新型政商关系中的亲近行为逐渐形成合规的制度化规则，并一直由新型政商关系的"清"维度所维护，不断影响民营企业股权质押风险。故新型政商关系的"清"维度强化了抑制民营企业股权质押风险的机制。据此，提出研究假设5.4。

假设5.4："清"维度在新型政商关系的"亲"维度对民营企业股权质押风险的负向影响中起中介作用。

本章理论假设关系如图5-1所示，在进一步研究中将继续考察区域民营经济发展水平这一外部因素对假设的调节作用。

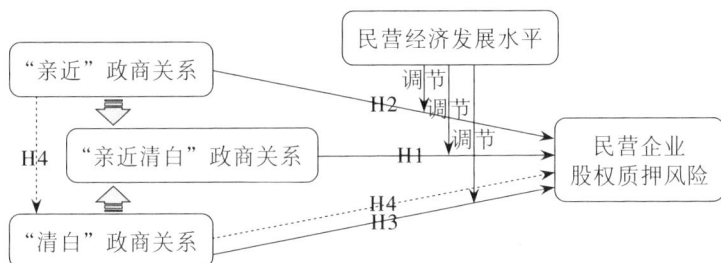

图5-1 理论假设模型

5.3 研究设计

5.3.1 样本选择与数据来源

由于中国人民大学国家发展与战略研究院发布了2017年至2019年的《中国城市政商关系排行榜》，故以2017年至2019年作为时间观察窗口并选取上海证券交易所和深圳证券交易所上市的A股民营企业作为观察样本。通过以下程序进行样本筛选：（1）剔除金融行业样本；（2）剔除财务数据异常样本；（3）剔除不存在绝对控股股东样本；（4）剔除数据缺失样本。最终获得6 527个观测值。股权质押数据来源于WIND与CSMAR数据库，公司治理与公司财务等主要数据来源于CSMAR数据库。

5.3.2 主要变量构造与说明

（1）"亲""清"新型政商关系的衡量。中国人民大学国家发展与战略研究院发布的《中国城市政商关系排行榜》从"亲近"和"清白"两个维度对新型政商关系进行系统评价，"亲""清"新型政商关系健康指数（$Close\_Clean$，简称CC）由"亲近"指标和"清白"指数加权计算而得，"亲近"指数（$Close$）为新型政商关系的"亲"维度，由政府对企业关心、政府为企业的服务、企业税收负担指标加权计算而得；"清白"指数（$Clean$）为新型政商关系的"清"维度，由政府廉洁度和政府透明度指标加权计算而得。

（2）股权质押风险衡量。由于民营企业股权质押风险主要来源于控股股东①股权质押所产生的风险，对股权质押风险采用定性与定量测量：以控股股东报告期末股权质押累计股数占其持有股份总数的比例来测量民营企业股权质押风险程度（*Pledge_Risk1*）。由于质押风险披露的分层标准为50%和80%②，若控股股东报告期末股权质押累计股数占其持有股份总数的比例高于50%，*Pledge_Risk2*取值为1，否则为0；若控股股东报告期末股权质押累计股数占其持有股份总数的比例高于80%，*Pledge_Risk3*取值为1，否则为0。为便于对比检验，若控股股东报告期末股权质押累计股数不为0，则判定该民营企业控股股东存在股权质押行为（*Pledge*）。

5.3.3 模型设定与变量定义

参考张陶勇和陈焰华（2014）、徐寿福等（2016）、杜丽贞等（2019）等学者相关研究，采用OLS与Logit检验前文假设，具体回归模型如下：

$$Pledge\_Risk = a_0 + a_1 CC/Close/Clean + a_2 Asset + a_3 Roa + a_4 Debt + a_5 Top1 + a_6 Board + a_7 Indd + a_8 Listedage + \sum Year_i + \sum Industry_j + \varepsilon$$

模型中*Pledge_Risk*为股权质押风险，*CC*为新型政商关系健康指数，*Close*为新型政商关系的"亲近"指数，*Clean*为新型政商关系的"清白"指数。进行如下控制：为反映公司经济规模对股权质押风险的替代效应，以第$t-1$年公司总资产的自然对数测量企业规模（*Asset*）；*Roa*（资产收益率）表示第$t-1$年净收益与总资产的比值；*Debt*（资产负债率）为第$t-1$年总负债与总资产的比值；*Top1*为第$t-1$年大股东持股比例；*Board*为董事会规模；*Indd*为董事会独立董事比例；*Listedage*为上市时长；加入年度虚拟变量（*Year*）和行业虚拟变量（*Industry*）来控制年度和行业差异③。为缓解异常值影响，对所有连续变量的前后1%予以winsorize处理。

---

① 为年报披露的控股股东。
② 上海证券交易所《第四十六号上市公司股份质押（冻结、解质、解冻）公告》、深圳证券交易所《上市公司股东股份质押（冻结或拍卖等）的公告格式》以控股股东质押比例50%和80%作为质押风险披露的分层标准。
③ 行业分类采用《上市公司行业分类指引》（2012年修订版），制造业按二级代码分类，其他按一级代码分类。

5.4 实证检验与结果分析

5.4.1 描述性统计与变量间相关系数分析

表5-1为假设检验所用样本的描述性统计结果和变量间相关系数。在全部民营上市企业观测样本中，约70.1%的观测样本存在股权质押行为，约44.9%的观测样本股权质押比例超过50%，说明股权质押样本中约64.1%的民营上市企业存在股权质押风险（质押比高于50%）；约21.7%的观测样本股权质押比例超过80%，表明股权质押样本中约31%的民营企业存在较高的股权质押风险（质押比高于80%）。"亲""清"新型政商关系健康指数（*CC*）的均值为59.66，方差为22.65，说明各地方间新型政商关系状况差异较大，具体到"亲近"指数（*Close*）与"清白"指数（*Clean*）亦是如此。

表5-1   描述性统计

变量	N	Mean	Sd	Min	Median	Max
Pledge	6 527	0.701	0.458	0	1	1
Pledge_Risk1	6 527	0.428	0.375	0	0.416	1
Pledge_Risk2	6 527	0.449	0.497	0	0	1
Pledge_Risk3	6 527	0.217	0.412	0	0	1
CC	6 527	59.66	22.65	12.67	57.36	100
Close	6 527	49.46	23.55	8.077	46.6	100
Clean	6 527	70.98	16.3	19.78	74.09	100
Size	6 527	21.87	1.117	19.64	21.75	25.42
Roa	6 527	0.051	0.07	−0.285	0.05	0.232
Debt	6 527	0.374	0.19	0.0574	0.357	0.876
Top1	6 527	31.05	13.37	8.04	29.48	68.29
Board	6 527	8.09	1.444	5	9	12
Indd	6 527	0.38	0.053	0.333	0.364	0.571
Listedage	6 527	9.325	6.807	1	8	27

表5-2给出了变量间Pearson相关系数。新型政商关系（*CC*）、新型政商关系的"亲近"变量（*Close*）、新型政商关系的"清白"变量（*Clean*）与股权质押风险变量（*Pledge_Risk*）相关系数均在1%的水平上显著为负，与前文假设预测结果一致。民营企业规模（*Size*）、资产负

债率（*Debt*）、上市时长（*Listedage*）与股权质押风险变量相关系数显著为负，这表明规模越大、资产负债率越高、上市时间越长的民营企业越可能出现股权质押风险。资产收益率（*Roa*）、第一大股东持股比例（*Top1*）与股权质押风险变量相关系数显著为正，这说明资产收益率越高、第一大股东持股比例越高的民营企业出现股权质押风险的可能性越低。出于多重共线性问题考虑，我们在实证分析中将相关系数高于0.2的两个变量单独和共同放入模型，回归结果无显著差异，不影响结论。

5.4.2　实证结果与分析

为缓解由样本间特征差异所引起的异方差问题，进行估计时均采用稳健标准误。表5-3中模型1-1至模型1-3采用Logit回归，为新型政商关系对民营企业控股股东是否发生股权质押行为（*Pledge*）的影响检验。结果显示，新型政商关系及"亲""清"维度变量虽为负，但除"清"维度变量在10%的水平上显著外，其他均缺乏显著性支持。这说明，新型政商关系难以抑制民营企业控股股东股权质押行为的发生，这一结果也符合客观实际。模型1-4至模型1-6采用OLS回归，以股权质押比例（*Pledge_Risk1*）作为因变量，结果显示，新型政商关系变量（*CC*）、新型政商关系"亲"维度变量（*Close*）、新型政商关系"清"维度变量（*Clean*）均显著为负。表5-4中模型1-7至模型1-12均采用Logit回归，以控股股东股权质押比例超50%（*Pledge_Risk2*）和控股股东股权质押比例超80%（*Pledge_Risk3*）为因变量，结果显示，*CC*、*Close*、*Clean*均在5%的水平以上显著为负。新型政商关系变量对股权质押行为（*Pledge*）的影响虽为负，但缺乏稳健的显著性支持，而对股权质押风险（*Pledge_Risk*）的影响既为负又具有稳健的显著性支持（5%的水平以上），这从侧面印证了新型政商关系所抑制的是民营企业股权质押风险，而非低比例的股权质押行为。控制变量方面，模型1-4至模型1-12中*Roa*、*Top1*、*Board*在1%的统计水平上显著为负，说明较高的资产收益率、大股东持股比例、董事会规模会抑制民营企业股权质押风险；企业规模越大（*Size*）、企业负债率（*Lev*）越高、上市时间（*Listedage*）越长，民营企业股权质押风险可能越高。

表5-2

变量间相关系数

变量	1	2	3	4	5	6	7	8	9	10	11	12	13
1.Pledge	1												
2.Pledge_Risk1	0.75***	1											
3.Pledge_Risk2	0.59***	0.90***	1										
4.Pledge_risk3	0.34***	0.74***	0.58***	1									
5.CC	0.00	-0.05***	-0.05***	-0.07***	1								
6.Close	0.00	-0.05***	-0.05***	-0.07***	0.96***	1							
7.Clean	-0.01	-0.06***	-0.05***	-0.07***	0.72***	0.53***	1						
8.Size	0.10***	0.17***	0.17***	0.13***	-0.06***	-0.05***	-0.05***	1					
9.Roa	-0.10***	-0.25***	-0.23***	-0.23***	0.01	-0.00	0.02	-0.05***	1				
10.Debt	0.13***	0.22***	0.21***	0.17***	-0.00	0.01	-0.03**	0.49***	-0.33***	1			
11.Top1	-0.02*	-0.13***	-0.12***	-0.14***	-0.00	-0.00	0.00	0.01	0.22***	-0.02	1		
12.Board	-0.04***	-0.02	-0.01	-0.00	-0.10***	-0.10***	-0.06***	0.20***	0.03**	0.09***	-0.06***	1	
13.Indd	0.03**	0.01	0.01	0.02	0.08***	0.09***	0.04**	-0.08***	-0.03**	-0.02	0.04**	-0.66***	1
14.Listedage	0.06***	0.25***	0.22***	0.28***	-0.13***	-0.12***	-0.11***	0.42***	-0.26***	0.32***	-0.19***	0.11***	-0.03***

表5-3 新型政商关系与民营企业股权质押风险的回归结果（1）

模型 变量	Pledge			Pledge_Risk1		
	1-1	1-2	1-3	1-4	1-5	1-6
CC	-0.001 (-0.864)			-0.001*** (-3.105)		
Close		-0.001 (-0.410)			-0.001** (-2.546)	
Clean			-0.003* (-1.736)			-0.001*** (-3.714)
Size	0.158*** (4.409)	0.158*** (4.417)	0.158*** (4.425)	0.023*** (4.228)	0.023*** (4.231)	0.023*** (4.261)
Roa	-2.680*** (-5.283)	-2.685*** (-5.290)	-2.690*** (-5.298)	-0.973*** (-12.824)	-0.974*** (-12.822)	-0.977*** (-12.875)
Lev	1.162*** (5.647)	1.160*** (5.636)	1.155*** (5.621)	0.197*** (6.143)	0.197*** (6.151)	0.193*** (6.048)
Top1	-0.001 (-0.388)	-0.001 (-0.386)	-0.001 (-0.379)	-0.002*** (-5.282)	-0.002*** (-5.285)	-0.002*** (-5.245)

续表

模型	1-1	1-2	1-3	1-4	1-5	1-6
Board	-0.095***	-0.095***	-0.096***	-0.018***	-0.018***	-0.018***
	(-3.554)	(-3.533)	(-3.579)	(-4.423)	(-4.390)	(-4.414)
Indd	-0.387	-0.395	-0.403	-0.152	-0.152	-0.161
	(-0.543)	(-0.554)	(-0.566)	(-1.395)	(-1.392)	(-1.480)
Listedage	-0.008	-0.008	-0.009*	0.007***	0.007***	0.007***
	(-1.619)	(-1.570)	(-1.666)	(8.494)	(8.558)	(8.584)
Constant	-1.143	-1.187	-0.988	0.207	0.192	0.244*
	(-1.273)	(-1.327)	(-1.092)	(1.545)	(1.434)	(1.804)
Industry	控制	控制	控制	控制	控制	控制
Year	控制	控制	控制	控制	控制	控制
Obs.	6 522	6 522	6 522	6 527	6 527	6 527
Wald chi2/F	265.16***	264.93***	266.54***	41.52***	41.11***	43.35***
Pseudo /Adj.R²	0.04	0.04	0.04	0.145	0.145	0.146

注：采用稳健标准误，*，**，***分别表示在10%，5%，1%的水平上显著，下同。本表模型1-1至1-3，模型1-4至1-6的括号内为 t 值。

表5-4　新型政商关系与民营企业股权质押风险的回归结果（2）

模型	1-7	1-8	1-9	1-10	1-11	1-12
变量	Pledge_Risk2			Pledge_Risk3		
CC	-0.004*** (-2.828)			-0.006*** (-3.595)		
Close		-0.003** (-2.309)			-0.005*** (-2.971)	
Clean			-0.006*** (-3.397)			-0.009*** (-4.348)
Size	0.170*** (5.308)	0.170*** (5.307)	0.171*** (5.356)	0.119*** (3.344)	0.120*** (3.361)	0.119*** (3.338)
Roa	-5.969*** (-10.984)	-5.967*** (-10.985)	-5.998*** (-11.012)	-6.556*** (-12.161)	-6.559*** (-12.163)	-6.581*** (-12.170)
Lev	1.024*** (5.433)	1.026*** (5.442)	1.003*** (5.333)	0.631*** (2.869)	0.634*** (2.884)	0.609*** (2.774)
Top1	-0.010*** (-4.593)	-0.010*** (-4.599)	-0.009*** (-4.556)	-0.017*** (-6.456)	-0.017*** (-6.478)	-0.017*** (-6.391)

模型 变量	Pledge_Risk2			Pledge_Risk3		
	1-7	1-8	1-9	1-10	1-11	1-12
Board	-0.106***	-0.105***	-0.105***	-0.069**	-0.068**	-0.068**
	(-4.180)	(-4.147)	(-4.174)	(-2.313)	(-2.281)	(-2.304)
Indd	-1.277*	-1.274*	-1.331**	0.336	0.340	0.257
	(-1.918)	(-1.913)	(-2.002)	(0.417)	(0.423)	(0.320)
Listedage	0.034***	0.035***	0.035***	0.071***	0.072***	0.072***
	(7.096)	(7.158)	(7.167)	(13.051)	(13.131)	(13.168)
Constant	-1.890**	-1.973**	-1.695**	-3.012***	-3.146***	-2.699***
	(-2.396)	(-2.506)	(-2.135)	(-3.356)	(-3.512)	(-2.987)
Industry	控制	控制	控制	控制	控制	控制
Year	控制	控制	控制	控制	控制	控制
Obs.	6 522	6 522	6 522	6 519	6 519	6 519
Wald chi2	658.12***	658.01***	656.55***	862.01***	858.67***	860.06***
Pseudo R^2	0.098	0.098	0.098	0.144	0.143	0.145

注：本表括号内为 z 值。

　　下面进一步分析"清"维度为新型政商关系"亲"维度对民营企业股权质押风险负向影响的中介效应机制。新型政商关系的"亲近"可以通过新型政商关系的"清白"来抑制民营企业股权质押风险。参照温忠麟等（2004）的中介效应逐步法检验程序，首先，表5-5模型2-2中 $Close$ 系数为-0.0005且在5%的水平上显著，新型政商关系"亲"维度对民营企业股权质押风险具有显著抑制作用；其次，模型2-1中 $Close$ 系数为0.361且在1%的水平上显著，表明新型政商关系"亲"维度对新型政商关系"清"维度具有显著正向影响；再次，模型2-3中加入 $Clean$ 变量后，$Close$ 变量系数为-0.0002（缺乏显著性支持），影响低于模型2-2中的-0.0005，而 $Clean$ 变量在1%的水平上显著为负，表明新型政商关系"亲"维度是通过新型政商关系"清"维度来影响民营企业股权质押风险的传导路径存在，即中介效应成立。出于稳健考虑，亦进行 Bootstrap 检验，置信区间在95%的水平上显著不为0，与逐步法检验结果一致。

　　对因变量为等级数据的中介效应模型使用线性回归分析会引起中介效应低估、标准误低估、置信区间对真值覆盖比例偏低等问题，应采用 Logistic 回归（刘红云等，2013；温忠麟和叶宝娟，2014；方杰等，2017）。由股权质押风险的 $Pledge\_risk2$ 与 $Pledge\_risk3$ 均为二分因变量，参考 MacKinnon and Cox（2012）、方杰等（2017）的做法，用无需正态性假设的乘积分布法检验 Z_a*Z_b 的显著性来验证中介效应是否存在。具体地，先通过 Stata 用逐步检验法获取回归系数，然后用 R 软件的 RMediation 软件包通过乘积分布法检验得到 Z_a*Z_b 的95%置信区间，若区间不包含0，则中介效应成立。由模型2-1可得系数 a 为0.361，SE（a）0.007。当 $Pledge\_risk2$ 为因变量时，由模型2-5可得系数 b 为-0.005，SE（b）为0.002，Z_a*Z_b 的95%置信区间为［-0.003，-0.001］，不包含0。当 $Pledge\_risk3$ 为因变量时，由模型2-7可得系数 b 为-0.007，SE（b）为0.002，Z_a*Z_b 的95%置信区间为［-0.004，-0.001］，不包含0。以上结果亦表明，新型政商关系"清"维度对新型政商关系"亲"维度与民营企业股权质押风险关系的中介效应显著。

表5-5 中介效应检验

模型	2-1	2-2	2-3	2-4	2-5	2-6	2-7
变量	Clean	Pledge_risk1	Pledge_risk1	Pledge_risk2	Pledge_risk2	Pledge_risk3	Pledge_risk3
Close	0.361 3***	−0.000 5**	−0.000 2	−0.002 9**	−0.001 0	−0.004 7***	−0.001 8
	(0.007)	(0.000)	(0.000)	(0.001)	(0.001)	(0.002)	(0.002)
Clean			−0.000 9***		−0.005 1**		−0.007 4***
			(0.000)		(0.002)		(0.002)
Size	0.042 3	0.023 4***	0.023 4***	0.170 1***	0.170 9***	0.119 8***	0.118 8***
	(0.196)	(0.006)	(0.006)	(0.032)	(0.032)	(0.036)	(0.036)
Roa	−2.171 1	−0.973 7***	−0.975 6***	−5.967 2***	−5.990 0***	−6.558 6***	−6.572 2***
	(2.821)	(0.076)	(0.076)	(0.543)	(0.544)	(0.539)	(0.540)
Lev	−2.925 5**	0.196 9***	0.194 3***	1.026 4***	1.009 8***	0.633 7	0.617 4***
	(1.139)	(0.032)	(0.032)	(0.189)	(0.189)	(0.220)	(0.220)
Top1	0.010 0	−0.001 8***	−0.001 8***	−0.009 6***	−0.009 5***	−0.017 3***	−0.017 2***
	(0.014)	(0.000)	(0.000)	(0.002)	(0.002)	(0.003)	(0.003)

续表

模型	2-1	2-2	2-3	2-4	2-5	2-6	2-7
变量	Clean	Pledge_risk1	Pledge_risk1	Pledge_risk2	Pledge_risk2	Pledge_risk3	Pledge_risk3
Board	-0.176 4	-0.018 0***	-0.018 2***	-0.104 7***	-0.105 8***	-0.067 7**	-0.069 2**
	(0.159)	(0.004)	(0.004)	(0.025)	(0.025)	(0.030)	(0.030)
Indd	-6.534 9	-0.151 7	-0.157 7	-1.273 9*	-1.312 1**	0.340 4	0.290 3
	(4.177)	(0.109)	(0.109)	(0.666)	(0.666)	(0.805)	(0.805)
Listedage	-0.076 4**	0.007 5***	0.007 4***	0.034 8***	0.034 4***	0.071 7***	0.071 2***
	(0.032)	(0.001)	(0.001)	(0.005)	(0.005)	(0.005)	(0.005)
Constant	56.532 4***	0.191 9	0.243 2*	-1.972 7**	-1.696 3**	-3.145 6***	-2.712 1***
	(5.047)	(0.134)	(0.135)	(0.787)	(0.794)	(0.896)	(0.904)
Industry	控制	控制	控制	控制	控制	控制	控制
Year	控制	控制	控制	控制	控制	控制	控制
Obs.	6 527	6 527	6 527	6 522	6 522	6 519	6 519
Wald chi2/F	96.086***	41.113***	41.533***	658.01***	657.34***	858.67***	863.23***
Pseudo /Adj.R^2	0.295	0.145	0.146	0.098	0.098	0.143	0.145

注：本表括号内为标准误差值。

5.4.3 稳健性检验

采用工具变量法降低可能的内生性问题,以开埠通商历史(*Port_Opening*)作为新型政商关系的工具变量。政商关系制度具有一定的历史依存性,开埠通商历史会在一定程度影响当前的政商关系,进而影响民营企业股权质押风险,所以该变量与内生变量强相关;而当前民营企业股权质押风险则不能影响城市开埠通商历史,加之,城市开埠通商历史的外生特征也在理论表明该工具变量与其他解释变量均具备较强的外生性。故参考董志强等(2012)、周泽将等(2020)的处理方法,以开埠通商日至研究年度1月1日所经历年数来测量①,开埠通商历史数据来源于《中国商业通史(第五卷)》(吴慧,2008)和《中国近代经济史统计资料选辑》(严中平,2012)。使用稳健标准误进行两阶段最小二乘法(2SLS)回归,表5-6中检验结果显示一阶段中 *CC*、*Clean*、*Close* 与 *Port_Opening* 在1%的水平上显著正相关,二阶段中 *CC*、*Clean*、*Close* 与 *Pledge_risk1* 在1%的水平上显著负相关,与前文结果一致。出于稳健考虑,亦采用 LIML 法来检验,所得结果与 2SLS 一致,从侧面印证了不存在弱工具变量问题。由于工具变量法的前提是新型政商关系为内生解释变量,我们进行了 Hausman(同方差前提)检验、异方差下更为稳健的 Durbin-Wu-Hausman(DWH)检验,*P* 值均小于 0.01,故可认为新型政商关系为内生解释变量。以上弱工具变量、内生性检验结果表明,前文假设检验结果受内生性问题严重影响的可能性较小。

另外,测试以下影响因素:

(1)融资约束。大股东为缓解民营企业融资约束可能通过股权质押融通资金,进而形成民营企业股权质押风险。故参考 Chen and Wang(2012)、魏志华等(2014)、姜付秀等(2016)、潘越等(2019)的做法,采用 KZ 指数②测度企业融资约束程度。将 *KZ_index* 引入前文实证模型,实证结果(见表5-7)与前文一致。

---

① 出于稳健考虑,亦将开埠年数取对数,实证结果一致。
② 使用市场中所有的企业样本进行估计,KZ 指数线性方程为:$KZ_{i,t} = -4.63*CF_{i,t}/TA_{i,t-1} - 14.319*DIV_{i,t}/TA_{i,t-1} - 1.163*CASH_{i,t}/TA_{i,t-1} + 8.418*LEV_{i,t} + 3.755*TOBINQ_{i,t}$,$CF_{i,t}/TA_{i,t-1}$ 为经营性净现金流除以总资产,$DIV_{i,t}/TA_{i,t-1}$ 为现金股利除以总资产,$CASH_{i,t}/TA_{i,t-1}$ 为现金持有量除以总资产,$LEV_{i,t}$ 为债务除以总资产,$TOBINQ_{i,t}$ 为托宾 Q。

表5-6　工具变量检验结果

模型	3-1	3-2	3-3	3-4	3-5	3-6
变量	CC	Pledge_risk1	Close	Pledge_risk1	Clean	Pledge_risk1
	一阶段	二阶段	一阶段	二阶段	一阶段	二阶段
CC		-0.006*** (-5.326)				
Close				-0.007*** (-5.104)		
Clean						-0.006*** (-5.485)
Port_Opening	0.062*** (17.014)		0.050*** (12.861)		0.062*** (22.774)	
Size	-0.311 (-1.077)	0.021*** (3.699)	-0.403 (-1.322)	0.020*** (3.385)	-0.019 (-0.090)	0.023*** (4.092)
Roa	6.676 (1.603)	-0.938*** (-12.046)	7.980* (1.816)	-0.919*** (-11.389)	0.308 (0.100)	-0.973*** (-12.669)
Lev	3.423** (1.992)	0.213*** (6.301)	5.021*** (2.769)	0.229*** (6.461)	-1.051 (-0.827)	0.188*** (5.729)

续表

模型	3-1	3-2	3-3	3-4	3-5	3-6
变量	CC	Pledge_risk1	Close	Pledge_risk1	Clean	Pledge_risk1
	一阶段	二阶段	一阶段	二阶段	一阶段	二阶段
Top1	-0.008	-0.002***	-0.014	-0.002***	0.006	-0.002***
	(-0.371)	(-5.208)	(-0.633)	(-5.171)	(0.407)	(-5.071)
Board	-0.817***	-0.023***	-0.858***	-0.024***	-0.396**	-0.020***
	(-3.394)	(-5.243)	(-3.381)	(-5.296)	(-2.227)	(-4.902)
Indd	15.724**	-0.083	19.700***	-0.033	1.720	-0.160
	(2.433)	(-0.723)	(2.889)	(-0.275)	(0.360)	(-1.450)
Listedage	-0.413***	0.005***	-0.422***	0.005***	-0.213***	0.006***
	(-8.992)	(5.258)	(-8.703)	(4.225)	(-6.258)	(7.003)
Constant	51.884***	0.509***	40.637***	0.503***	64.368***	0.581***
	(7.103)	(3.338)	(5.273)	(3.220)	(11.915)	(3.712)
Industry	控制	控制	控制	控制	控制	控制
Year	控制	控制	控制	控制	控制	控制
Obs.	6 527	6 527	6 527	6 527	6 522	6 527
F	46.55***	1 252.67***	38.98***	1 118.55***	32.76***	1 478.06***
Adj.R²	0.173	0.070	0.149	0.002	0.127	0.109

注：本表括号内一阶段为 t 值，二阶段为 z 值。

表5-7　加入融资约束变量后的回归检验

模型	4-1	4-2	4-3	4-4	4-5	4-6	4-7	4-8	4-9
变量	Pledge_Risk1			Pledge_Risk2			Pledge_Risk3		
CC	-0.001*** (-2.693)			-0.004** (-2.521)			-0.006*** (-2.675)		
Close		-0.001** (-2.478)			-0.004** (-2.288)			-0.005** (-2.270)	
Clean			-0.001** (-2.565)			-0.005** (-2.527)			-0.008*** (-2.932)
KZ_index	0.001 (0.909)	0.001 (0.928)	0.001 (0.790)	-0.004 (-0.323)	-0.003 (-0.305)	-0.005 (-0.437)	0.016 (0.997)	0.017 (1.007)	0.014 (0.873)
Other control variables	控制	控制	控制	控制	控制	控制	控制	控制	控制
Obs.	4 670	4 670	4 670	4 669	4 669	4 669	4 665	4 665	4 665
Wald chi2/F	27.79***	27.74***	27.76***	520.77***	521.09***	519.24***	469.57***	467.16***	470.62***
Pseudo /Adj.R²	0.147	0.147	0.147	0.102	0.102	0.102	0.140	0.139	0.140

（2）高管政治关联。董事长与总经理现在或曾经具备党委、人大、政府、政协等经历可能影响民营企业的投融资行为，进而影响民营企业股权质押风险。鉴于此，将民营企业的董事长与总经理是否具有政治关联变量（*Pol*）引入前文实证模型，前文实证结果（见表5-8）未发生改变。在变量替换方面，以控股股东报告期末股权质押累计股数占公司股份总数的比例来测量股权质押风险程度（*Pledge_Risk4*），回归结果（见表5-9）仍与前文一致。

表5-8　　　　　　　　加入政治关联变量后的回归检验

模型	5-1	5-2	5-3	5-4	5-5	5-6	5-7	5-8	5-9
变量	*Pledge_Risk1*			*Pledge_Risk2*			*Pledge_Risk3*		
CC	-0.001***			-0.003**			-0.006***		
	(-2.833)			(-2.544)			(-3.537)		
Close		-0.000**			-0.003**			-0.005***	
		(-2.271)			(-2.025)			(-2.912)	
Clean			-0.001***			-0.005***			-0.009***
			(-3.546)			(-3.220)			(-4.314)
Pol	0.030***	0.030***	0.031***	0.220***	0.223***	0.223***	0.022	0.025	0.028
	(2.880)	(2.927)	(2.947)	(3.451)	(3.490)	(3.499)	(0.270)	(0.305)	(0.349)
Other control variables	控制	控制	控制	控制	控制	控制	控制	控制	控制
Obs.	6 526	6 526	6 526	6 521	6 521	6 521	6 518	6 518	6 518
Wald chi2/F	41.133***	40.780***	42.816***	671.86***	671.94***	671.23***	863.22***	859.96***	861.24***
Pseudo/Adj.R²	0.146	0.146	0.147	0.099	0.099	0.100	0.144	0.143	0.145

注：本表模型（1）至（3）括号内为*t*值，模型（4）至（9）括号内为*z*值。

表5-9 替换因变量的回归检验

模型	6-1	6-2	6-3
变量	Pledge_Risk4		
CC	-0.000*** (-3.562)		
Close		-0.000*** (-3.103)	
Clean			-0.000*** (-3.569)
Other control variables	控制	控制	控制
Obs.	6 527	6 527	6 527
F	43.329***	42.349***	48.122***
Adj.R²	0.199	0.199	0.199

注：本表括号内为 t 值。

5.5 进一步分析

区域民营经济发展水平是影响新型政商关系对民营企业股权质押风险抑制作用的重要外部治理因素。中国市场化进程存在明显的区域差异性（樊纲等，2011），区域间的民营经济发展水平差异甚大。民营企业所在地的民营经济发展水平较高意味着区域内经济自由化程度、资源可获得性及市场配置效率均较高，民营企业融资渠道更为多元，对股权质押融通资金的依赖相对较小，故新型政商关系对民营企业股权质押风险的负向影响可能被削弱。区域民营经济发展水平在新型政商关系对民营企业股权质押风险的负向影响中可能起到替代作用，即民营企业所在地民营经济发展水平越高，新型政商关系对民营企业股权质押风险的抑制作用越可能被削弱。

为验证上述影响，我们以王小鲁等（2018）的中国各地区市场化指数中的"非国有经济发展水平"来测量①区域民营经济发展水平（*Private_Economy*，*PE*）。由于多重共线性会对调节效应产生干扰，我们对 *PE*、*CC*、*Clean* 与 *Close* 变量进行去中心化操作。表5-10、表5-11、表5-12为民营经济发展水平的调节效应检验结果，各模型中 *CC*、*Clean*、*Close* 的系数与前文一致均显著为负。而民营经济发展水平变量（*PE*）基本显著为负，意味着区域较高的民营经济发展水平有助于抑制民营企业股权质押风险。模型7-2、模型7-8、模型7-14中新型政商关系与民营经济发展水平的乘积项 *CC* *PE* 均在1%的水平上显著为正，说明民营经济发展水平与新型政商关系之间的调节效应为替代关系。亦进一步检验了民营经济发展水平与新型政商关系"亲"维度和"清"维度的调节效应，发现模型7-4、模型7-10、模型7-16中新型政商关系"亲"维度与民营经济发展水平的乘积项 *Close* *PE* 均在1%的水平上显著为正，而模型7-6、模型7-12、模型7-18中新型政商关系"清"维度与民营经济发展水平的乘积项 *Clean* *PE* 虽为正，却缺乏显著性支持，这表明民营经济发展水平与新型政商关系对民营企业股权质押风险影响的替代效应主要体现在新型政商关系的"亲"维度而非"清"维度，这也从侧面印证了民营经济发展水平与新型政商关系"亲"维度之间的相关关系。

---

① 由于该指数仅更新至2016年，故2017年、2018年、2019年数据与2016年一致。

表5-10

民营经济发展水平的调节效应检验结果（1）

模型	7-1	7-2	7-3	7-4	7-5	7-6
变量			Pledge_risk1			
CC	-0.000**	-0.000**				
	(-2.348)	(-2.274)				
CC * PE		0.000***				
		(3.193)				
Close			-0.000*	-0.000**		
			(-1.777)	(-2.247)		
Close * PE				0.000***		
				(3.813)		
Clean					-0.001***	-0.001***
					(-3.161)	(-2.618)
Clean * PE						0.000
						(1.176)

续表

模型 变量	7-1	7-2	7-3	7-4	7-5	7-6
			Pledge_risk1			
PE	-0.002***	-0.002***	-0.002***	-0.002***	-0.002***	-0.002***
	(-3.415)	(-2.654)	(-3.535)	(-2.599)	(-3.452)	(-3.159)
Size	0.024***	0.025***	0.024***	0.025***	0.024***	0.024***
	(4.323)	(4.512)	(4.331)	(4.548)	(4.349)	(4.404)
Roa	-0.968***	-0.976***	-0.968***	-0.975***	-0.971***	-0.974***
	(-12.756)	(-12.874)	(-12.754)	(-12.892)	(-12.797)	(-12.818)
Lev	0.197***	0.190***	0.198***	0.188***	0.195***	0.193***
	(6.167)	(5.910)	(6.170)	(5.857)	(6.091)	(6.041)
Top1	-0.002***	-0.002***	-0.002***	-0.002***	-0.002***	-0.002***
	(-5.238)	(-5.395)	(-5.237)	(-5.427)	(-5.209)	(-5.266)
Board	-0.018***	-0.018***	-0.018***	-0.018***	-0.018***	-0.018***
	(-4.420)	(-4.417)	(-4.388)	(-4.389)	(-4.427)	(-4.431)

续表

模型 变量	Pledge_risk1					
	7-1	7-2	7-3	7-4	7-5	7-6
Indd	-0.148	-0.150	-0.148	-0.148	-0.155	-0.156
	(-1.361)	(-1.378)	(-1.362)	(-1.365)	(-1.426)	(-1.430)
Listedage	0.007***	0.007***	0.007***	0.007***	0.007***	0.007***
	(8.147)	(7.835)	(8.198)	(7.810)	(8.189)	(8.089)
Constant	0.153	0.133	0.151	0.126	0.155	0.149
	(1.146)	(0.995)	(1.131)	(0.941)	(1.159)	(1.121)
Industry	控制	控制	控制	控制	控制	控制
Year	控制	控制	控制	控制	控制	控制
Obs.	6 527	6 527	6 527	6 522	6 527	6 527
F	40.630***	39.570***	40.357***	39.330***	42.092***	41.071***
Adj.R^2	0.147	0.148	0.147	0.148	0.147	0.147

注：本表括号内为 t 值。

表5-11　民营经济发展水平的调节效应检验结果（2）

模型	7-7	7-8	7-9	7-10	7-11	7-12
变量			*Pledge_risk2*			
CC	-0.003**	-0.003**				
	(-2.214)	(-2.130)				
CC PE*		0.001***				
		(3.343)				
Close			-0.002*	-0.003**		
			(-1.684)	(-2.190)		
*Close * PE*				0.001***		
				(3.962)		
Clean					-0.005***	-0.004**
					(-2.953)	(-2.351)
*Clean * PE*						0.000
						(1.349)

续表

模型 变量	7-7	7-8	7-9	7-10	7-11	7-12
			Pledge_risk2			
PE	-0.010***	-0.008**	-0.011***	-0.007*	-0.010***	-0.009**
	(-2.790)	(-1.982)	(-2.895)	(-1.876)	(-2.831)	(-2.503)
Size	0.173***	0.179***	0.173***	0.180***	0.174***	0.176***
	(5.381)	(5.576)	(5.386)	(5.596)	(5.420)	(5.487)
Roa	-5.942***	-6.006***	-5.941***	-6.007***	-5.966***	-5.989***
	(-10.960)	(-11.051)	(-10.960)	(-11.059)	(-10.983)	(-11.013)
Lev	1.033***	0.984***	1.034***	0.975***	1.016***	1.005***
	(5.466)	(5.187)	(5.470)	(5.134)	(5.385)	(5.324)
Top1	-0.009***	-0.010***	-0.010***	-0.010***	-0.009***	-0.010***
	(-4.565)	(-4.715)	(-4.567)	(-4.746)	(-4.534)	(-4.596)
Board	-0.105***	-0.105***	-0.105***	-0.104***	-0.105***	-0.105***
	(-4.177)	(-4.152)	(-4.145)	(-4.116)	(-4.184)	(-4.185)

续表

模型	7-7	7-8	7-9	7-10	7-11	7-12
变量			Pledge_risk2			
Indd	-1.263*	-1.273*	-1.263*	-1.262*	-1.307**	-1.311**
	(-1.895)	(-1.911)	(-1.895)	(-1.893)	(-1.964)	(-1.969)
Listedage	0.033***	0.032***	0.033***	0.031***	0.033***	0.033***
	(6.764)	(6.425)	(6.813)	(6.396)	(6.794)	(6.681)
Constant	0.153	0.133	0.151	0.126	0.155	0.149
	(1.146)	(0.995)	(1.131)	(0.941)	(1.159)	(1.121)
Industry	控制	控制	控制	控制	控制	控制
Year	控制	控制	控制	控制	控制	控制
Obs.	6 522	6 522	6 522	6 522	6 522	6 522
Wald chi2	662.4***	664.69***	662.67***	667.82***	660.84***	660.64***
Pseudo R²	0.099	0.100	0.099	0.101	0.099	0.100

注：本表括号内为z值。

表5-12 民营经济发展水平的调节效应检验结果（3）

模型 变量	Pledge_risk3					
	7-13	7-14	7-15	7-16	7-17	7-18
CC	-0.005*** (-3.106)	-0.005*** (-2.939)				
CC * PE		0.000** (2.098)				
Close			-0.004** (-2.466)	-0.004*** (-2.676)		
Close * PE				0.001** (2.546)		
Clean					-0.008*** (-3.968)	-0.007*** (-3.361)
Clean * PE						0.000 (0.804)

续表

模型 变量	7-13	7-14	7-15	7-16	7-17	7-18
			Pledge_risk3			
PE	-0.008*	-0.005	-0.009**	-0.005	-0.009**	-0.008*
	(-1.872)	(-1.163)	(-2.010)	(-1.069)	(-1.972)	(-1.696)
Size	0.121***	0.126***	0.122***	0.128***	0.121***	0.123***
	(3.403)	(3.514)	(3.423)	(3.556)	(3.397)	(3.430)
Roa	-6.539***	-6.581***	-6.541***	-6.586***	-6.561***	-6.577***
	(-12.131)	(-12.201)	(-12.129)	(-12.218)	(-12.141)	(-12.156)
Lev	0.636***	0.598***	0.639***	0.589***	0.618***	0.610***
	(2.893)	(2.702)	(2.907)	(2.662)	(2.811)	(2.770)
Top1	-0.017***	-0.018***	-0.017***	-0.018***	-0.017***	-0.017***
	(-6.470)	(-6.547)	(-6.487)	(-6.589)	(-6.414)	(-6.445)
Board	-0.068**	-0.068**	-0.067**	-0.067**	-0.068**	-0.068**
	(-2.291)	(-2.290)	(-2.259)	(-2.253)	(-2.291)	(-2.298)

续表

模型 变量	7-13	7-14	7-15	7-16	7-17	7-18
			Pledge_risk3			
Indd	0.354	0.339	0.357	0.346	0.285	0.284
	(0.439)	(0.420)	(0.443)	(0.430)	(0.355)	(0.353)
Listedage	0.070***	0.069***	0.070***	0.069***	0.070***	0.070***
	(12.763)	(12.523)	(12.831)	(12.521)	(12.821)	(12.744)
Constant	-3.428***	-3.511***	-3.453***	-3.563***	-3.391***	-3.415***
	(-3.830)	(-3.900)	(-3.857)	(-3.950)	(-3.794)	(-3.812)
Industry	控制	控制	控制	控制	控制	控制
Year	控制	控制	控制	控制	控制	控制
Obs.	6 519	6 519	6 519	6 519	6 519	6 519
Wald chi2	865.89***	866.23***	863.34***	864.46***	864.69***	864.42***
Pseudo R^2	0.145	0.145	0.144	0.145	0.145	0.145

注：本表括号内为 z 值。

5.6 本章小结

民营企业股权质押风险是近年中国资本市场突出的热点问题，如何化解民营企业股权质押风险也是学术研究的前沿话题。基于制度视角，本章以新型政商关系的"亲""清"维度为切入点，探讨新型政商关系对民营企业股权质押风险影响。结果发现，新型政商关系及其"亲""清"维度对民营企业股权质押风险具有显著的抑制作用，"清"维度在"亲"维度对民营企业股权质押风险的抑制影响中起到显著的中介作用。在使用开埠通商历史作为工具变量，以及考虑融资约束、政治关联因素影响情形下，相关结果依然成立。进一步检验则发现，较高的区域民营经济发展水平会削弱新型政商关系对民营企业股权质押风险的抑制作用，此替代效应主要体现在新型政商关系的"亲"维度而非"清"维度。

与已有研究相比，本章研究的主要贡献为：第一，从制度层面的新型政商关系的"亲""清"维度丰富了股权质押风险影响因素研究。已有股权质押风险影响因素研究多聚焦于微观层面，仅将政商关系以制度背景加以考虑，未直接深入考察新型政商关系对民营企业股权质押风险的影响。第二，采用城市层面的新型政商关系"亲""清"维度数据精细探讨新型政商关系对民营企业股权质押风险的影响，结果可信度较高。已有研究多基于企业高管个人政治关联或市场化指数中省级的政府与市场关系指数来测度政府与企业间的政商关系，测量效度有待商榷，也难以对新型政商关系"亲""清"维度进行有效测量。故我们采用中国人民大学国家发展与战略研究院的《中国城市政商关系排行榜》所提供的政商关系数据，以缓解测度问题。

本章的研究启示如下：首先，《国务院关于进一步提高上市公司质量的意见》（2020）中提到"积极稳妥化解上市公司股票质押风险"，民营企业股权质押风险也是阻碍民营上市公司质量提高的一大问题。资本市场不定时的短期不稳定波动难以避免，故部分民营企业发生股权质押风险的可能一直存在。我们从制度层面给出化解民营企业股权质押风险的应对措施，即通过构建高水平的新型政商关系应对民营企业股权质押风险。其次，民营企业股权质押风险的化解不能简单依靠金融政策进行限制，限制比例、严格披露确实有效，但民营企业融资难、交易成本高的问题依旧存在，应从制度层面加大新型政商关系建设力度，提升"亲"维度与"清"维度效能，从"根"上降低民营企业股权质押风险。再次，中介效应结果表明新型政商关系的"清"维度是"亲"维度的基础，忽视新型政商关系"清"维度的建设容易让政商关系重回"亲而不清"的老路，需坚持"清上加亲"。

第6章 民营企业股权质押风险的纾困
运作机理与模式分析

6.1 民营企业股权质押风险的纾困运作机理

　　股权质押风险的纾困运作机理是化解股权质押风险、进行纾困行为的一般性内在逻辑，是各级政府与金融机构设立专项纾困资金，在保障资产价值和公司控制权稳定前提下，为具有核心竞争力和发展潜力，但存在流动性困境的民营上市企业提供适当股权、债权投资，以降低民营企业所面临的股权质押风险。纾困运作具有融入方与融出方，民营企业作为融入方提供上市公司股票、其他增信资产等给纾困基金，而纾困基金作为融出方通过股权型纾困、债权型纾困或股债混合型纾困为民营企业提供纾困支持。民营企业直接受纾困帮助对象为第一大股东或控股股东。纾困基金成立依靠银行保险监管当局、上海与深圳证券交易所、证券公司和地方政府等。从纾困运作机理图（图6-1）可看出，资源以不同形式在融入方与融出方之间流转，这种流转是化解股权质押风险的对症之举。由于经济大形势、资本市场低迷等原因引致的股价下跌，让部分民营企业因高比例股权质押而出现了短暂的流动性困境，但只要资源流转不停滞，随着资本市场逐渐恢复平稳，股权质押风险将下降。一旦民营上市企业运营恢复常态，民营上市企业的控股股东或第一大股东会主动降低股权质押比例，以维系控制权。而对于无法通过资源流转化解股权质押风险的情况，则其会通过市场化方式改变民营上市企业股东结构，不会形成系统性股权质押风险。

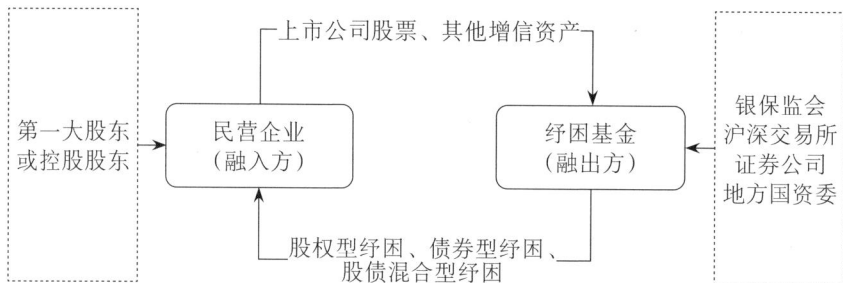

图6-1 纾困运作机理

6.2 民营企业股权质押风险的一般纾困模式梳理

股权质押风险的一般纾困模式可分为股权型纾困、债权型纾困、股债混合型纾困三类。这三类纾困模式各具特点，可针对被纾困方的实际情况，单独或灵活组合使用，以精准纾困。

6.2.1 股权型纾困模式

股权型纾困模式是指纾困基金通过协议转让方式获得上市公司大股东（或控股股东企业）的部分股权。该模式的纾困标的多为基本面良好、股价超跌、有潜在反弹空间的民营上市企业，其对增信和退出机制要求较低，但多伴随表决权、提案权等股东权益的转移。股权型纾困模式中部分战略投资者可协调融资渠道，提供资源整合服务，实施一揽子纾困方案。股权型纾困模式主要包含股权受让、参与上市公司定向增发、重组上市公司控股股东三种，具体如下：

1.股权受让

股权受让是上市公司大股东将被质押的股份协议转让给纾困基金，进而获得资金解质押（如图6-2所示）。由于股权转让比例通常低于10%，一般不涉及公司控股权变更，纾困基金进入后亦不干涉公司经营，如深圳国资委之于科陆电子的案例。如果纾困基金有意获取公司控制权（深圳国资委之于怡亚通的案例），协议转让还会附加表决权和提案权转移，具体形式为"股权转让协议+股权表决权委托"，如北京朝阳国资纾困基金与东方园林的协议转让并委托表决权的案例。

图6-2　受让上市公司股权

2.参与上市公司定向增发

参与上市公司定向增发方式是指纾困基金认购上市公司的非公开发行股份（如图6-3所示）。由于上市公司或其控股公司进行定向增发资金会流入上市公司，不会直接援助实际控制人，故无法直接纾解大股东股权质押风险。故大股东还会转让其所持部分股份以缓解大股东股权质押风险。此情形下，民营上市企业的控制权可能发生转移，如上海国资委与天沃科技的定向增发与股份转让的案例、深圳赛格集团（实际控制人为深圳国资委）与英唐智控的定向增发与股份转让案例。

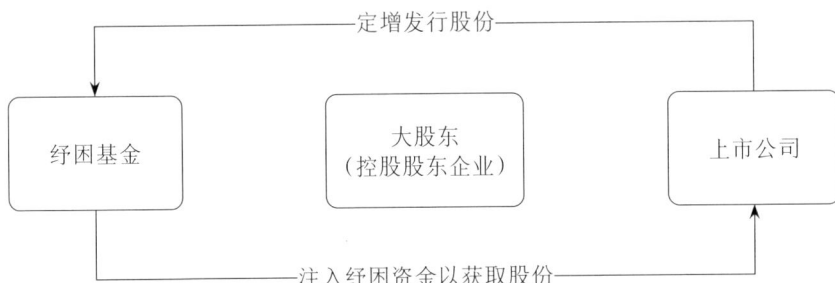

图6-3　参与上市公司定向增发

3.重组上市公司控股股东

该模式适合质押股权的控股股东为企业而非自然人的情况（如图6-4所示），纾困基金通过对控股股东资产注入、资产重组、增资扩股等方式来改善控股股东企业资产质量。该方式可通过控制控股股东来获取上市公司的控制权，如北京国资委重组并控股永泰集团案例、新疆国资委重组东盛集团案例。

图6-4　重组上市公司控股股东

6.2.2　债权型纾困模式

债权型纾困模式是指纾困基金通过提高质押率、延长质押期限、突破质押比例等方式缓解融资人短期还款压力，维护融资人控股地位，但该模式需要有效的增信机制（抵押物或担保人）来降低信用风险。债权型纾困模式主要包含纾困专项债、借款、抵质押融资、转质押四种，具体如下：

1.纾困专项债

纾困专项债分为公开发行和非公开发行两类，期限多为3~5年，募集银行和社会资本帮助上市公司缓解股权质押风险，亦可通过信用风险缓释工具、再担保等帮助上市公司发行普通债券以获得融资，部分纾困专项债示例如表6-1所示。

表6-1　　　　　　　　　　　　部分纾困专项债示例

时间	发行人	规模（元）
2018-11-09	深圳市投资控股有限公司	10亿
2018-10-26	北京海淀科技金融资本控股集团股份有限公司	8亿
2018-11-22	福建省投资开发集团有限责任公司	10亿

续表

时间	发行人	规模（元）
2018-11-13	台州金融投资有限责任公司	5亿
2018-12-24	山东国惠投资有限公司	10亿
2018-12-7	厦门金圆投资集团有限公司	10亿
2019-01-07	山东省金融资产管理股份有限公司	60亿
2019-01-08	山东国惠投资有限公司	10亿
2019-01-16	成都金融控股集团有限公司	15亿
2019-01-21	青岛国信发展（集团）有限责任公司	15亿
2019-03-14	珠海金融投资控股集团有限公司	20亿
2019-03-18	江西省省属国有企业资产经营（控股）有限公司	10亿
2019-03-29	河南中原资产管理有限公司	10亿
2019-04-09	湖南省资产管理有限公司	20亿

2.借款

向融资人发放借款。纾困借款的期限较长、来源比较稳定，有助于改善民营上市企业的债务期限结构，如北京顺义国资委之于嘉寓股份的融资借款案例。部分案例中，借款多伴随股份转让，如湖南国资委受让中天能源并为其控股股东借款案例、北京海淀国资委之于金一文化的融资案例。

3.抵质押融资

上市公司股权的良好流动性让其成为优质抵质押资产，但若融资人质押比例较高且无充足质押份额，则难以为继。若融资人无法质押上市公司股份，还可选择非上市公司股权、不动产等其他增信资产进行抵质押融资（如图6-5所示），如深圳市高新投集团有限公司与劲嘉股份、中山市纾困基金与奥马电器的抵质押融资案例。

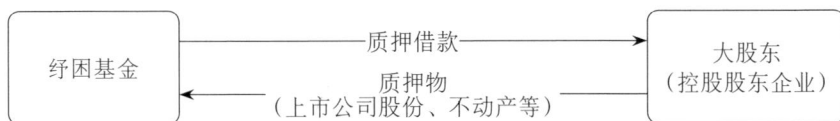

图 6-5 抵质押融资

4.转质押

转质押是指纾困基金以借款方式让上市公司大股东赎回质押股权，而后大股东再将股票转让质押给纾困基金，并负担借款利息以及补充质押额差价中所需的股票、现金和其他增信物（如图 6-6 所示）。转质押让上市公司大股东流动性问题在短期内得到缓解，借新还旧。转质押主要适合大股东股权质押比例较高且股价下跌致使大股东出现短期资金缺口的情形。转质押中新的质押协议一般会通过调整融资期限、质押比例、质押率等条件调低预警线和平仓线，从而降低股权质押风险。雷曼股份的控股股东、实际控制人李漫铁曾在 2018 年 10 月将给广州证券 35.07% 的股份质押解除后，又将 36.08% 的股份质押给深圳市高新投集团有限公司。

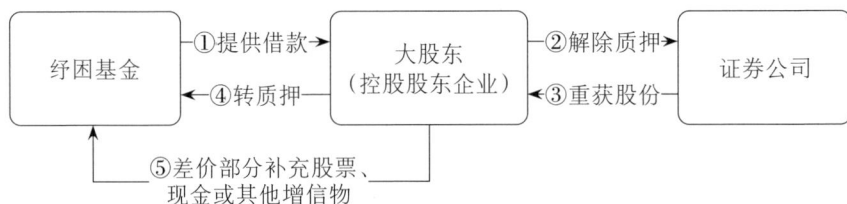

图 6-6 转质押

6.2.3 股债混合型纾困模式

股债混合型纾困模式是股权纾困模式和债券纾困模式的结合，为"转质押+债转股"。纾困基金为上市公司提供过桥资金帮助其赎回质押股份，上市公司赎回质押股份后，再将之质押给纾困基金。不同之处在于，为保障纾困基金出资人利益，上市公司大股东在转质押基础上附加一条转股协议作为保底偿还的渠道（如图 6-7 所示）。理论上，股份质押一旦到期，质押股份可作转股处理。实际上，转股协议多包含宽限期，即约定宽限期内若大股东通过股票分红、投资收益等方式完成偿还

则不必进行债转股，若不能偿还则须债转股。股债混合型纾困模式涉及
股权与债权组合，运作较为复杂。

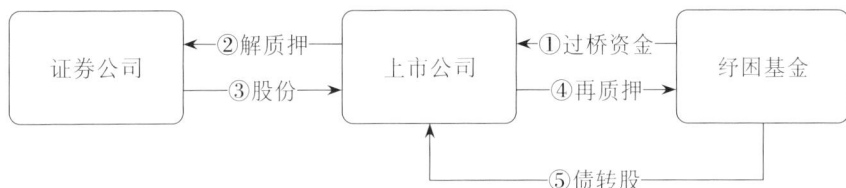

图 6-7　股债混合型纾困模式

6.3　民营企业股权质押风险的纾困模式选择难点分析

股权型纾困与债权型纾困是民营企业股权质押风险纾困的主要模式
（郭琳，2019；吴梓境等，2019；辛静，2019；曾炜军，2019；毛捷
等，2021）。债权型纾困可通过转让债权资产、借款、股权质押、其他
资产质押、转质押等多种方式运作，其优点是股权未发生变化、灵活高
效；缺点是本质仍为借款，无法解决纾困标的长期之忧。股权型纾困可
通过大宗交易、协议受让上市公司股份、认购上市公司定向增发股份、
资产重组等方式运作，其优点是引入的新股东能带来资金与行业资源，
从根本上化解流动性困境；缺点是转让股权或者控制权会引起股权结构
变化，操作流程复杂、耗时较长。股债混合型纾困模式兼顾了股权型纾
困与债权型纾困的优缺点，一定程度上形成了互补，但由于债转股保底
机制的存在，其在实际操作中亦较复杂。从上文可以看出，股权型纾困
模式、债权型纾困模式、股债混合型纾困模式各具优缺点，其选择在实
际应用中是纾困的难点。

民营企业股权质押风险的纾困模式选择的难点在于如何合理设计纾
困方案，灵活使用纾困模式。纾困模式的选择应结合被纾困方的实际需
要，因企制宜。首先，依据被纾困方资金情况、风险程度、发展要求、
长期战略来统筹考虑。在实际操作中，被纾困方流动性情况差别较大。
对于被纾困方股权质押风险程度较高的企业，其纾困模式选择应倾向于
高效及时的债权型纾困。而对于被纾困方股权质押风险程度不高的企

业，其纾困模式选择应倾向于长远缓解流动性紧张的股权型或股债混合型纾困，其在纾困方、纾困模式及纾困方案的选择上均有较大余地。其次，纾困模式的选择与纾困运作方案相辅相成。纾困运作方案是基于被纾困企业行业特征、经营状况、财务情况而制定的。在股权型纾困和股债混合型纾困模式中，由于可能涉及股权结构变动甚至控制权转移，纾困方必须是基于可行的纾困运作方案才能作出股权型纾困和股债混合型纾困模式选择这一决策。再次，股权型纾困模式应发挥长效机制，进行纾困赋能。股权型纾困具有长期性特点，纾困方进入前应充分评估赋能效果、能否实现战略协同、能否通过资源整合实质性改善被纾困方的现金流状况。

6.4　本章小结

本章分析了纾困运作的一般机理，对股权型纾困模式、债权型纾困模式、股债混合型纾困模式及细分种类进行了梳理。在民营企业股权质押风险的纾困模式选择难点分析部分，对股权型纾困模式、债权型纾困模式、股债混合型纾困模式的差异与优缺点进行了对比分析，探讨了各纾困模式所适用的情形。从实际操作来看，民营企业股权质押风险的纾解比较倾向于可短期兜底流动性困境的债权型纾困模式，但债权型纾困模式无法实质性解决流动性问题。股权型纾困模式虽能长期解决民营企业股权质押风险，但由于部分民营企业不愿意接受股权转让或控制权转移，故股权型纾困模式应用的限制条件较多。股权型、债权型、股债混合型纾困作为缓解民营企业股权质押风险的一般模式，其目的都是改善流动性、拓展融资。何种企业能获得流动性改善支持，该以怎样的逻辑与原则进行精准纾困，怎样实施精准纾困，则是下一章要深入探讨的问题。

第7章 化解民营企业股权质押风险的精准纾困

7.1 精准纾困的逻辑与原则

精准纾困的关键在于纾困对象选取要精准，要依据精准纾困的"安全与效率"逻辑和纾困标的"救急"优选、"守正"甄选原则，对纾困对象予以明确。精准纾困的逻辑与原则是民营企业股权质押风险纾困的指导性基准。

纾困运作的"安全逻辑"与"效率逻辑"是化解民营企业股权质押风险精准纾困要遵守的基本逻辑。安全逻辑是纾困运作的底线，即"严防国有资产流失"。2018年11月1日，习近平总书记在民营企业座谈会上指出："在严格防止违规举债、严格防范国有资产流失前提下，帮助区域内产业龙头、就业大户、战略新兴行业等关键重点民营企业纾困。"各类纾困基金中均有国资背景，纾困方的进入与退出都要谨防国有资产流失。地方政府设立的纾困专项基金、民营企业债券融资支持工具要合规，在规则范围内对存在股权质押风险的优质上市民营企业进行纾困。效率逻辑是针对纾困对象因地制宜予以施救，充分发挥纾困模式组合的灵活性。将债权型纾困模式中的抵质押融资、借款、借款+抵质押融资、担保+抵质押融资，股权型纾困模式中的股权受让、参与定向增发、重组上市公司控股股东、股权受让+表决权受让，股债混合纾困模式中的借款+股权转让等结合困难实际，灵活组合纾困方式。存在股权质押风险的民营上市企业的困局各有不同，要结合纾困对象的实际情况灵活使用纾困工具。将债券融资支持工具、债券市场信用保护工具、地方政府纾困基金、保险纾困专项产品、券商纾困资金最大限度发挥组合效用，达成精准纾困。

精准纾困需遵循纾困标的"救急"优选与"守正"甄选原则。"救急不救穷"虽为精准纾困的核心含义，但实际操作中"急"与"穷"难以有效辨别，纾困标的误选可能导致错配风险，故明确纾困标的的"急"与"守正"甄选原则并谨守此原则尤为重要。"救急"优选原则是指救"急"不救"穷"。救"急"是指要甄选出股权质押比例高且存有股权质押风险、暂时性流动性困难、有长期发展前景的民营上市企业，其在获得流动性支持后可发挥技术、管理、运营优势尽快走出困境。对于流动性困难巨大且缺乏发展潜力的"穷"民营上市企业，其股权质押风险的纾困则不属于"救急"优选之列。"守正"甄选原则是对纾困标的进行"守正判断"。对过度并购扩张与杠杆投资导致流动性困境、盲目增持致使增持和存量质押部分先后爆仓、大股东非理性投资、套现、挥霍等情形要给予较为审慎的"守正"甄选意见。守正判断也是纾困运作安全逻辑的具体体现，对于有劣迹的民营上市企业即便其有长期发展前景，也要慎重纾困，避免纾困基金遭遇道德风险。

7.2 精准纾困的甄选标准

精准纾困的实施关键在于纾困对象的选取要精准，以此为基础方可因地制宜、因户施策。精准纾困要符合纾困基金运作的安全要求，守住"严防国有资产流失"的运作底线。由于各类纾困基金主要参与机构的国有成分比例较高，在纾困基金的投资与退出上必须严防国有资产流失，"在严格防止违规举债、严格防范国有资产流失前提下，帮助区域内产业龙头、就业大户、战略新兴行业等关键重点民营企业纾困"。只有做到纾困标的精准识别，才能最大程度降低纾困基金运作的安全风险。纾困标的精准识别与甄选原则密不可分。

纾困标的的甄选要遵循"救急"优选与"守正"甄选原则。"救急"优选原则是指纾困优质标的多为股权质押比例高且存有股权质押风险、暂时性流动性困难、但有长期发展前景的民营上市企业。"守正"甄选原则是指纾困优质标的虽股权质押比例高且存有股权质押风险，但其在过往经营历程中"正道经营"，不存在恶意等不道德行为。在"救急"优选与"守正"甄选原则指导下，要根据治理结构状况、经营管理状况、技术先进程度、行业情况、负债结构状况、履约记录情况等指标判断是否为优质标的。结合纾困实务，纾困标的甄选的一般性标准主要包含所属领域、上市板块、治理结构、盈利能力、负债结构、市值管理、交易状态、注册所在地、履约情况等。具体细化指标见表7-1。除纾困标的甄选的一般性标准外，地方政府在选择纾困对象时也会依据各地侧重的产业发展领域进行布局。对地方纾困基金而言，优质标的能有效降低纾困基金承担的信用风险，促进战略行业发展，推动产业结构升级，故标的选取中属于重点战略行业（高端制造、信息技术、生物医药等）且资产质量较好的民营上市企业颇受青睐。虽然属于重点战略行业、优质民营上市企业为纾困的重点对象，但纾困运作多根据当地实际情况灵活确定倾向重点，比如深圳市纾困救助计算机、电子、高端制造行业的上市公司，而其他地区的纾困救助则存在就业、税收、地方影响力等方面的其他考量。

表7-1　　　　　　　　纾困标的甄选的一般性标准

序号	一级指标	二级指标
1	所属领域	实体经济领域
		原则上不投资房地产和影视行业
2	上市板块	主板

续表

序号	一级指标	二级指标
		创业板
		中小板
3	治理结构	公司股权清晰
		不存在重大权属纠纷
		实际控制人不涉及重大风险事件
4	盈利能力	主营业务突出
		可持续盈利能力强
5	负债结构	原则上资产负债率不高于60%
		无形资产和商誉占净资产比例不超过30%
6	市值管理	股价较年初跌幅不低于10%
		滚动市盈率不高于25%
7	交易状态	不处于停牌状态且距离上次停牌结束超过30个交易日
8	注册所在地	在京津冀区域上市民营企业可优先考虑
		在长三角区域上市民营企业可优先考虑
		在珠三角区域上市民营企业可优先考虑
9	履约情况	无重大违法违规记录
		无重大失信记录

7.3 化解民营企业股权质押风险的精准纾困实施要点

精准纾困的实施要点在于如何对症下药，因地制宜予以施救，这事关纾困基金运作的效率要求，须充分发挥纾困模式的灵活性。由于地方纾困基金是由地方政府、地方国资与金融机构单独或联合发起的区域性纾困基金，其主要目的是通过提供债务重组、资源整合等方面支持来化解区域内民营上市企业股权质押风险，以救助辖区内民营上市企业为主，故地方纾困基金是精准纾困的主要实施者。结合民营上市企业股权质押风险实际情况，精准纾困的实施须关注纾困模式精准匹配、融资渠道精准拓宽、市场化框架内精准实施等要点内容。

其一，纾困模式的精准匹配。债权型、股权型、股债混合型纾困模式的精准匹配要基于相关参与方的实际情况，比如纾困基金资金性质与风控要求，融资人资产状况与资金需求等。纾困模式精准匹配后，要依据实际情况制定精准纾困方案。针对纾困标的实际困难在规则范围内提高质押率、延长融资期限、扩大增信范围以缓解民营企业流动性问题。

其二，精准拓宽融资渠道。纾困纾的是民营企业融资困难之困，故精准纾困要区分融资需求，亦要拓宽融资渠道。区分融资需求是指部分民营企业得不到融资支持，而部分民营企业虽能获得融资但利率较高，需要为民营企业提供不同的融资支持。此外，由于风控体系的存在，纾困基金对存在股权质押业务往来、持股关系、委托贷款或担保业务的民营上市企业实际情况比较了解，加之，纾困基金股东多为地方国资和金融机构，这有利于民营企业拓宽融资渠道并获得新增业务合作机会。不仅治标还要治本，暂时缓解股权质押风险后，如何在竞争中性原则下，切实拓宽融资渠道，优化营商环境才是治本。

其三，市场化框架内精准实施。首先，纾困基金主要以财务投资为主，即便涉及股权抵质押也多不谋求民营企业控制权，故精准纾困要在市场化框架内运作，避免出现强制性"国进民退"式控制权转移，打消民营企业顾虑。其次，精准纾困亦不是民营企业逃废债务的借口，须让民营企业纾困在市场化框架内进行，避免在解决问题过程中产生新问题，充分体现精准二字。再次，由于地方纾困基金的设立多为地方政府和地方国资牵头，故行政干预在地方纾困基金运作所涉及环节与比重的多寡均值得商榷，应厘清行政干预与市场运作的边界。在实际操作中，部分地方政府的过度介入拉低了纾困的市场化程度。地方政府纾困的主要目的是解决当地民营上市企业股权质押风险，希望降低纾困标的选择标准。然而，精准纾困要遵循"救急"优选与"守正"甄选原则，纾困基金在市场化框架内的精准实施是要严格管控风险并兼顾投资收益的。地方政府对纾困的行政干预将影响投资决策，降低纾困效率。所以，应明确行政干预与市场运作的边界，清晰政府在纾困运作中的角色定位，发挥其协调作用，让纾困在市场化框架内得以精准实施。最后，要在市场化框架内根据资金性质匹配合适的退出方式，债权型纾困通过直接偿还、债转股等方式退出，股权型纾困则考虑二级市场、大股东回购或长期持有等退出方式。

7.4 化解民营企业股权质押风险的精准纾困典型案例

本小节选取东方园林、碧水源、曲美家具三个民营企业股权质押风险精准纾困的典型案例，展示精准纾困的"安全逻辑与效率逻辑"、纾困标的"救急"优选与"守正"甄选原则。通过不同的纾解方案展现精准纾困的"精准"二字如何操作并介绍案例的后续进展。

7.4.1 地方国企入主纾解东方园林的股权质押风险

东方园林的股权质押风险化解案例是控股股东以控制权为代价获得纾困支持的典型案例。随着案例展开，可见东方园林的实际控制人是如何一步步丧失公司控制权，这其中既有无奈，也有不甘。

1. "中国园林第一股"东方园林

北京东方园林股份有限公司（简称东方园林）成立于1992年，公司业务聚焦生态、环保、循环经济三大业务板块，生态业务主要为水环境综合治理、市政园林与全域旅游，环保业务主要为工业危废品处置，循环经济业务主要为工业废弃物的循环利用。2009年11月，东方园林以"中国园林第一股"身份登陆深圳证券交易所中小板（股票代码002310），其实际控制人为何巧女与唐凯（二人为夫妻）。股权结构上，其他股东持股比例基本低于5%，无法形成有效制衡。

2. 东方园林大股东股权质押始末

（1）借PPP模式大举扩张以致资金链趋紧。

2009年上市后，东方园林的园林工程业务增长平稳，公司整体经营状况良好。2012年全国园林工程市场陷入低迷，东方园林市政园林工程业务的项目收入大幅下降，这一市场变化促使东方园林加快了业务转型与模式升级的步伐。此时，PPP模式进入了东方园林创始人何巧女的视野。PPP模式作为政府与企业之间"利益共享、风险共担、全程合作"的融资和项目管理模式得到财政部等多部门的发文推广，该模式在减轻政府财政支出压力的同时，又可降低项目投资风险。东方园林作为园林行业龙头企业，率先嗅到PPP模式的商机，开启了传统市政园林转向生态环保的战略转型之路。在何巧女主导的战略转型中，东方园林于2015年连续并购了5家危废固废与水处理环保企业，而后在二级市场发债融资以备PPP项目开展。借助PPP项目的政策东风，东方园林先后与多个省市地方政府签署了PPP项目协议。2016年东方园林中标了380.1亿元的PPP项目，而2017年中标金额则增至715.71亿元。何巧女所持有的股份市值在2017年一度超过250亿元，入围了《福布斯》中国最杰出商界女性排行榜。

风光背后，隐忧渐现。PPP项目虽与政府合作，具有应收账款回收风险低、困难小的优势，但也存在初始投资较大、项目回款周期较长的弊端。之所以初始投资较大，是因为在与政府合作的PPP项目中，东方园林作为社会资本方和政府共同设立项目公司，通过项目公司再对PPP项目进行投资、融资及运营。而相关政策规定，PPP项目中社会资本方的项目资本金最低投入限额为20%。然而，东方园林的自有资金无法满足全部中标PPP项目的前期项目资本金投入。以2017年为例，东方园林当年营业收入为152.26亿元而净利润为21.78亿元，但当年中标的PPP项目金额则高达716亿元。由此可见，东方园林当时资金缺口巨大，PPP项目的初始投资金额已远超公司自有资金承受能力。

PPP项目的回款周期较长是另一个弊端。东方园林在PPP项目施工过程中可收取约70%的工程款，工程整体完工后再收取约20%工程款，剩余10%工程尾款将在工程结束后的1至2年内收回。PPP项目的投入资金在短时间内难以收回，较长的回款周期增加了履约风险。东方园林中标的PPP项目越多，其账面上的应收账款就越多。2017年东方园林期末应收账款为74.71亿元，2019年则增至96.5亿元。此后的2020年、2021年，其期末应收款仍高达85.4亿元、69.87亿元。账面上的巨额应收账款在初期掩盖了部分资金链问题。随着大量PPP项目的推进，回款周期较长问题让东方园林的资金链越来越紧张。

（2）融资政策趋紧与PPP项目回款乏力。

为弥补资金缺口，东方园林只能不断借债，致使其资产负债率连年上升。2018年危机爆发时，东方园林的总负债已高达300亿元，资产负债率接近70%。这种通过负债融资大举扩张的模式一旦遇到政策性融资缩紧，将无以为继，债务风险激增，这也将逼迫东方园林大股东寻求其他融资方式，即便饮鸩止渴，也别无他法。

自2017年开始，地方债务监管趋严，加之去杠杆、持续深化改革等因素影响，园林行业的资金流动性逐渐下降。政府对PPP项目的监管也更为严格，新项目在减少，不合规的存量项目也遭到逐步清算与关闭，园林行业的PPP项目步入"寒冬"。金融机构作为PPP项目的出资主力，其在"寒冬"中对PPP项目的放款更为谨慎。多重原因致使PPP项目融资不畅，项目施工方回款遇阻。此背景下，东方园林的PPP项目回款出现融资到位不及时、已满足收款条件但应收账款无法及时收回的情况。彼时的何巧女也意识到回款问题，开始控制投资节奏并作出相应调整。东方园林一方面重点推进支付能力有保障地区的PPP项目，另一方面根据地方政府支付能力情况将PPP项目转为EPC模式开展。对于存有较高支付风险的PPP项目，东方园林则逐步停工和退出。即便如此，东方园林主营业务的现金流入仍大幅跳水。收入大幅下跌的同时，前期的高位负债依然存在，本已绷紧的资金链又雪上加霜。

（3）控股股东股权质押风险凸显。

为应对"缺钱"困境，东方园林的控股股东何巧女与唐凯夫妇一直通过减持、定向增发、发债和股权质押多方位获取资金。何巧女与唐凯夫妇在东方园林刚上市时曾占有65.11%的股份，随后通过减持、定向增发将所持股份降至2018年6月的44.13%，下降份额近20%。此时，为保持控股股东地位，何巧女与唐凯夫妇通过减持和定向增发来获取资金的空间已不大，只剩发债和股权质押两条路可走。虽然整体负债率已高达到70%，东方园林仍在2018年上半年拟发行10亿元的公司债，但最终只筹集到0.5亿元，被称为"史上最凉发债"，发债融资失败。

发债不成，只能继续走股权质押之路。为获得现金流，何巧女和唐凯自公司上市后频繁质押手中股权。东方园林控股股东股权质押比例一直较高，何巧女夫妇及其一致行动人的股权质押率一路从56.01%上升至82.88%。公司市场前景发展较好时，高质押比率的潜在风险易被忽视。然而，2018年股市低迷，受到发债失利的影响，东方园林股价开始下跌。东方园林被迫在未做好准备的情况下仓促应对，以公司拟披露重大事项为由临时停牌并一再推迟复牌。2018年8月27日，公司复牌后的股价呈断崖式下跌。受股价下跌影响，何巧女夫妇质押的股票触及平仓线，面临被强制平仓的风险。此时，何巧女已质押其持有股份的72%，补充质押空间已不大。虽然其一致行动人唐凯也进行了补充质押，但仍无法挽回股权质押失控引发的残局。2019年4月，东方园林被爆出拖欠员工薪酬、财务负责人辞职的负面消息，公司股价继续下跌，股权质押风险进一步加剧。

（4）股权质押风险的纾困救助与控股权易主。

股权质押风险出现后，东方园林于2018年8月至10月先后与民生银行、兴业银行等多家银行签订了战略合作协议，获得了60多亿元的银行授信。北京市证监局也于2018年10月16日召集东方园林的23家债权人进行协调，建议各债权人从大局考虑，给予控股股东化解风险的时间，暂不采取强制平仓、司法冻结等措施。随后，东方园林于11月15日顺利发行10亿元超短期融资券。尽管东方园林使尽浑身解数，但其股权质押风险并未化解。

2018年12月，东方园林成为北京朝阳区纾困基金的首批纾困企业。北京朝阳区国资委旗下的盈润汇民基金以10.14亿元的股价转让款为代价，受让何巧女与唐凯的5%股权。2019年10月，北京朝阳区国资委旗下的全资子公司北京朝汇鑫企业管理有限公司（简称北京朝汇鑫）与何巧女、唐凯签署股权转让协议、表决权委托协议。协议中，何巧女和唐凯以7.92亿元的价格转让5%股权给北京朝汇鑫并将16.8%股份对应的表决权无条件、不可撤销地委托给北京朝汇鑫，而北京朝汇鑫则提供超10亿元的纾困资金帮助何巧女与唐凯应对股权质押风险。此番权益调整后，北京朝汇鑫成为东方园林的控股股东。由于盈润汇民基金与北京朝汇鑫同属于北京朝阳区国资委，故东方园林的实际控制人变为北京市朝阳区国资委。东方园林也因此将成为北京朝阳区国资委下属首家 A 股上市公司。2019 年 10 月 28 日，东方园林发布了公司董事长与总裁双双更换的公告。至此，何巧女与唐凯从形式和实质上均失去了上市公司东方园林的控制权。

东方园林实际控制人变更后，国资背书让公司外部融资环境有所改善，公司主体及债券信用评级都有所调升。东方园林的股权质押风险随之解除。对于何巧女、唐凯夫妇而言，虽有北京朝阳国资的危难之援，其名下质押股份的平仓风险依旧存在。东方园林于 2021 年 5 月 19 日发布的公告显示，何巧女所持有的 8.48 亿东方园林股票中已累计质押 8.47 亿股，质押股票占所持有股票的 99.8%。

（5）后续：心有不甘——解除表决权委托协议无果。

2022 年 5 月 20 日，何巧女向朝汇鑫发出《关于收回股份表决权的通知函》，该函表示自 2019 年 8 月以来，朝汇鑫及一致行动人始终未向何巧女、唐凯购买公司股份或采取其他增持行为，以便成为第一大股东。此情况导致委托协议所附委托终止条件达成，故二人即日起解除该协议，收回相应股份表决权。在东方园林的回复函中，东方园林方面表示何巧女方主张解除《表决权委托协议》无事实依据，其无权依此单方解除《表决权委托协议》及项下授权股份表决权之委托，故其单方作出的解除通知未发生法律效力。其进一步表示，在《表决权委托协议》的约定中，各方当事人并未明确约定朝汇鑫公司行使表决权期间应履行增持东方园林公司股份之义务，不存在何巧女方所述之拒绝履行相关义务之行为，亦无须承担违约责任。

3.案例小结

东方园林控股股东股权质押风险的纾困结局以公司控制权易主而完结。何巧女掌舵下的东方园林由盛转衰，是 PPP 项目盲目扩张、金融政策紧缩、债务结构失衡、股权质押工具过度使用等多方面因素叠加的结果。潜在风险评估不足让创始人何巧女付出惨重代价，不仅丧失了东方园林的控制权，甚至可能一无所有。

7.4.2 央企纾解碧水源的股权质押之困

碧水源股权质押风险的化解，是民营企业既解眼前之困又寻找未来之路的典型案例。在环保行业资源禀赋限制下，民营企业具有寻求混改的动机。碧水源所面临的股权质押风险不同于东方园林，但二者结局却较为相似，均以国资控股告终。随着案例展开，我们可以发现碧水源的国资最终控股似乎有意为之，或是主动拥抱，或是战略退出。而中国城乡控股集团在纾困方案中的业绩承诺补偿约定则最大程度避免了标的企业"金蝉脱壳"情况的发生。

1. "白马股"碧水源

碧水源成立于2001年，以膜技术起家，主营环境保护及水处理业务。在水处理领域，碧水源拥有市政污水和工业废水处理、民用净水、海水淡化、自来水处理、河流综合治理、湿地保护与重建等在内的水处理全产业链。公司的创始人文剑平，27岁时曾任国家科委社会发展司生态环境处副处长，也曾兼任中国废水资源化研究中心常务副主任，后获得澳大利亚新南威尔士大学市政工程水资源管理博士学位。深耕膜技术十年后，碧水源于2010年登陆创业板，成为创业板第69家上市公司。碧水源上市后的营收能力强劲，市值上升稳定且一度升至700亿元。良好的开局让上市后获得大量资金的文剑平陷入思考，如果继续依靠膜技术的轻资产模式发展，很可能错失占据市场的先机。为实现更快速的增长，碧水源登上了PPP这列快车。

2. 碧水源股权质押风险凸显

随着国家鼓励政策的推动，碧水源大规模推进PPP合作模式，上马的PPP项目成倍增长。PPP模式可以简单归纳为公司出小钱、银行出大钱、政府来买单。即便是小钱，随着PPP项目倍增，工程业务的资金需求亦倍增，垫资和借贷让碧水源的资金包袱越来越重。此时，碧水源已由卖膜的轻资产模式转变为为卖膜垫资、加杠杆接工程的重资产模式。碧水源在2016年至2018年的筹资活动现金流入均高于当年的经营活动现金流入，投资活动现金流也存在巨大缺口。2017年末，碧水源与东方园林均遭遇"去杠杆"、金融强监管和PPP项目政策收紧影响，融资难度增大，PPP项目回款不畅，债务违约风险增加。虽然碧水源紧急叫停了部分PPP业务，也努力将在建项目由PPP模式转为EPC模式以缩短回款周期，但债务问题仍很突出。

受紧缩政策影响，国开金融参与碧水源定增的20亿元资管计划无法续期。为避免抛售砸盘，国开金融与碧水源商定，20亿元中由实际控制人文剑平个人出资10亿元，另10亿元由国开金融提供贷款形式解决。文剑平为筹集10亿元接盘资金，于2016年12月质押了个人持有的1.68亿股股票。此笔质押后，文剑平个人股票质押比例达到58%。其后，随着股市持续低迷，文剑平被迫不断将手中剩余股票补充质押。进入2018年下半年，文剑平更加频繁进行股权质押以筹集资金。至2018年10月，其个人股票质押比例达到82.97%。后来，文剑平曾总结说："对金融市场的理解不够，对股市'双刃剑'的属性理解不够，股票质押安全'防火墙'不够高。"

3.央企入主纾困

债务危机亟待解决，股权质押风险加剧。在国资入主环保产业的大趋势下，文剑平投身国资平台的愿望逐渐强烈。文剑平曾讲道："面对天然弱势，民营企业要想长远发展，需要找到外联共生的出路。"基于此种考虑，碧水源积极寻求与国有企业合作，力图寻求发展条件。2019年5月初，碧水源发布了股份转让意向性公告，公告显示：公司控股股东、实际控制人文剑平及部分股东和中国城乡控股集团签了股份转让协议，拟向中国城乡控股集团转让合计持有的公司约3.37亿股股份（占公司总股本10.71%），转让价款总计31.9亿元。此后，双方又签署了两份《股份转让协议之补充协议》，协议中文剑平及部分股东向中国城乡控股集团作出了业绩承诺补偿约定。

中国城乡控股集团隶属于中国交通建设集团（是国务院国有资产监督管理委员会监管的中央国有企业），主营水务、新能源、生态环境等业务板块，与碧水源产业背景契合。2019年7月碧水源发布股份转让已完成的公告，公告显示：文剑平及部分股东通过协议转让给中国城乡控股集团3.21亿股股份（占公司总股本10.14%）。转让后，中国城乡控股集团以战略投资者身份成为碧水源的第二大股东（持股10.14%）。实际控制人文剑平的持股比例由原 22.63% 降为 16.97%，仍为第一大股东。中国城乡控股集团加入后，积极推动碧水源的业务拓展。2019 年 10 月，碧水源与中国城乡控股集团等多方联合中标了哈尔滨城镇污水项目，这一项目预计可为碧水源带来 51 亿元的稳定收入。

2020 年 3 月 11 日，碧水源发布控股股东、实际控制人拟发生变更的提示性公告。公告显示中国城乡控股集团通过接受碧水源部分股东表决权委托、现金认购公司非公开发行新股的方式成为碧水源第一大股东。具体的，中国城乡控股集团及其一致行动人将直接持有公司 3.34 亿股（占公司总股本的 10.55%），通过表决权委托的方式持有公司 4.24 亿股所对应的表决权（占公司总股本 13.40%），中国城乡及其一致行动人拥有总表决权股份约占公司总股本的 23.95%。此外，中国城乡控股集团以 37.16 亿元现金认购碧水源非公开发行股票，进一步增持碧水源。此番权益变动后，中国城乡控股集团成为碧水源控股股东，中国交通建设集团实现对碧水源的间接控股。中国城乡控股集团控股碧水源后，碧水源由 PPP 模式向 EPC 模式（按工程进度支付款项而无垫资风险）的转变加快，这与国资入主密切相关。

4. 后续

由于 2019 年 5 月、6 月及 2021 年 3 月，公司股东文剑平及其他部分股东（以下简称"业绩承诺方"）与公司控股股东中国城乡控股集团有限公司分别签署了《股份转让协议》、《股份转让协议之补充协议》及《股份转让协议之补充协议（二）》，上述协议中业绩承诺方约定了业绩承诺补偿。由于碧水源业绩未达到承诺约定，业绩承诺方已触发业绩补偿义务。业绩承诺方案中约定，与 2019 年相比，2021 年归母公司净利润的增长率应不低于 15%。即 2021 年碧水源承诺的业绩价值指标大约为 15.88 亿元，但实际业绩仅为 5.84 亿元。其中约 10 亿元的差额需业绩承诺股东以现金方式补偿给中国城乡控股集团。截至 2022 年 9 月 21 日，业绩承诺方的 2021 年业绩承诺补偿义务仍未履行完毕，尚需支付约 2.235 亿元。

5. 案例小结

碧水源的纾困案例具有鲜明的精准纾困特色。首先，虽然央企最终成为碧水源的实际控制人，但整个纾困过程不存在强制性"国进民退"式控制权转移，更多为碧水源主动寻求混改。其次，中国城乡控股集团对碧水源的纾困方案不是单一获得股权，而是接盘后积极通过多种方式（再接老股、股票质押、业务支持、定向增发等）缓解股权质押风险。这一套纾困组合拳并非一般机构所能为，该案例的特殊性由此可见。再次，精准纾困不是民营企业逃废债务的借口，中国城乡控股集团通过业绩承诺补偿约定将原核心股东与碧水源未来业绩绑定，避免出现"金蝉脱壳"情况。事实证明，业绩承诺补偿约定是市场化框架内精准纾困的一种成功方法，降低了国有资本投资风险，避免了道德风险出现。

7.4.3　战略投资者纾解曲美家居的股权质押风险

民营企业股权质押风险的诱因之一就是扩张并购。曲美家居的股权质押风险正源于"蛇吞象"式的海外并购，是众多民营企业发生股权质押风险的代表性案例。不同的是，曲美家居的海外并购并非盲目跟风，而是战略指引下的"冒险"。值得庆幸的是，背上沉重资金包袱的曲美家居并未因股权质押风险而丧失公司控制权。张家港产业资本投资有限公司以战略投资者身份的纾困入局，不仅注入纾解股权质押风险的资金，亦为曲美家居海外战略的实施增添羽翼。

1. 曲美家居"出海"

1993年曲美家居集团股份有限公司正式成立，由赵瑞海、赵瑞宾、赵瑞杰三兄弟共同经营。经过十余年发展，曲美家居成为集设计、生产、销售、服务一体化的大型规范化国际家居集团。2015年曲美家居在上海证券交易所挂牌上市（股票代码603818），赵瑞海、赵瑞宾、赵瑞杰兄弟三人持股比例分别为33.09%、32.44%和7.28%，三人总持股比例高达72.81%。赵瑞海任曲美家居董事长、总经理，赵瑞宾和赵瑞杰担任公司董事、副总经理，从股权结构和经营职务可以判定曲美家居为家族企业。

2016年至2018年是A股上市企业并购频繁的时期。上市后募得大笔资金的曲美家居积极搜寻海外并购目标，挪威沙发行业的艾克尼斯（Ekornes）进入了视野。艾克尼斯是北欧老牌的家具品牌，销售遍及全球40多个国家，拥有4 000多个销售网点，被视为挪威"国宝级"家具品牌。受欧洲经济放缓、消费走弱影响，艾克尼斯也在寻求向亚太市场拓展。曲美家居与艾克尼斯双方一拍即合。曲美家居的董事长赵瑞海认为收购艾克尼斯可帮助曲美家居解决出口渠道问题，有助于拓展海外市场、拉动全球市场销售。曲美家居及其合作方为获得100%股权以高出市盈率40倍报价艾克尼斯，并购金额高达40亿元人民币。2018年9月，曲美家居支付36.77亿元取得艾克尼斯90.5%的股权。此举被业界称为"蛇吞象"，因为并购发生时曲美家居的年营业额仅20亿元左右，总市值也不过34.8亿元。"蛇吞象"的后遗症也很明显，2018年底曲美家居的负债率逼近80%，远高于定制家具行业40%的负债率均值。也正因此，并购艾克尼斯后的曲美家居资金链就一直处于紧绷状态，走上了漫长的"降杠杆"之路。

2. 并购引发的股权质押风险

曲美家居2018年半年报显示，曲美家居账上的货币资金仅有8.6亿元人民币，未使用上市募集资金也仅剩2.68亿元。并购所需资金仍存在25亿元缺口。为凑齐并购资金，赵氏三兄弟将手中股份尽数质押筹得15亿元并将所筹资金全部借给曲美家居进行并购。此外，曲美家居以房产、土地抵押担保从招商银行贷款18亿元。至此，并购艾克尼斯所需资金全部凑齐，曲美家居沉重的资金包袱也正式形成。仅2018年下半年，曲美家居所筹集并购资金的利息就达到1.39亿元。

值得说明的是，赵氏三兄弟的此次股权质押并未形成严重的股权质押风险，因为质押时股价为4.34元/股，2018年股市低迷时曲美家居股价也仅跌至6.34元，未触及券商设置的警戒线和平仓线。其后，受"去杠杆"、融资缩紧等影响，曲美家居的现金流持续紧张。而并购艾克尼斯后的整合工作进展缓慢，通过子公司艾克尼斯来发债的结果不如预期。赵氏三兄弟只能在质押股权赎回、再质押、质押到期后延期等动作中循环往复，曲美家居实际控制人的高比例股权质押状况无法破局。2022年2月曲美家居的公告显示，公司第一大股东赵瑞海的股权质押比例已达到100%，第二大股东赵瑞宾的股权质押比例也达到了80.86%。

公司实际控制人持续的高比例股权质押让公司股权质押风险激增。随着前期股权质押到期解压，再质押后的股权质押成本不断上升，股市的持续低迷也让股权质押平仓风险大大增加。

3. 战略投资者入局纾困

2020年3月曲美家居发布股权转让公告，公告称：公司控股股东及实际控制人赵瑞海和赵瑞宾向张家港产业资本投资有限公司转让4 939万股股权（其中赵瑞海转让2493.48万股，赵瑞宾转让2 445.66万股，共占公司总股本的10.11%）。转让完成后，赵瑞海和赵瑞宾的合计持股比例将下降至54.87%，仍为曲美家居控股股东、实际控制人。张家港产业资本投资有限公司作为战略投资者，亦表示不会干涉曲美家居的战略布局和经营管理，张家港产业资本投资有限公司以战略投资者身份入局，对曲美家居有三个好处：其一，让曲美家居的公司股权结构进一步优化，降低了家族控制股份比例；其二，纾解了大股东的股权质押风险，稳定了股本结构；其三，与艾克尼斯并购相配合，张家港产业资本投资有限公司将发挥自身地理和港口优势支持曲美家居的全球化布局、家具产品进出口。

4. 后续

尽管全球家具消费行情低迷，曲美家居的海外市场却发展迅速，2019年曲美家居的海外营业收入已超国内市场营业收入。2020年艾克尼斯旗下Stressless、IMG、Svane三大品牌的营业收入已占曲美家居总收入的六成。2021年7月曲美家居发布收购公告称，曲美家居以5.48亿元（人民币）现金收购华泰紫金投资有限责任公司手中艾克尼斯的9.5%股权，收购完成后艾克尼斯将成为曲美家居全资子公司。2022年11月19日曲美家居发布股东进行股权质押及解除质押的公告，公告显示：赵瑞海的公司持股比例为21.77%，股份质押比例为49.28%；赵瑞宾的公司持股比例为21.29%，股份质押比例为49.52%；赵瑞杰的公司持股比例为5.83%，股份质押比例为22.11%。这表明在并购艾克尼斯四年后，曲美家居的大股东股权质押风险已不存在。

5. 案例总结

"蛇吞象"式的海外并购是曲美家居股权质押风险的起因，从此案例可以发现，无论引入战略投资者纾解股权质押风险，亦或完成艾克尼斯的百分之百股权收购，曲美家居都是以拓展海外市场为逻辑起点。这不同于众多民营企业的盲目扩张海外并购。事实证明，道险且阻的"蛇吞象"之路让曲美家居走通了。在国内众多家居品牌后来居上、竞争日益激烈的市场情况下，曲美家居通过股权质押、借债、定向增发等多种融资手段完成了"蛇吞象"并购，这一并购在曲美家居的企业发展史上必然是浓墨重彩的一笔。耐人寻味的是，曲美家居选择张家港产业资本投资有限公司作为纾困实施方是双赢之举，非为破困局而饥不择食之举。该案例在股权质押风险的精准纾困上意义深远，精准纾困中被纾困方未处于完全被动的全盘接受之境时，其应在战略指引下寻求纾困救助，尽可能选择符合战略意图的纾困主体、纾困方案，这有利于互利共赢的结果达成。

7.5 本章小结

本章选取了东方园林、碧水源、曲美家居三个典型的民营企业股权质押风险精准纾困案例。东方园林的纾困方为地方国资，碧水源的纾困方为央企子公司，曲美家居的纾困方为地方国资旗下的产业投资基金，纾困方均为国资背景。由于国资布局环保行业的大趋势，东方园林与碧水源的实际控制人虽最终易主，但易主过程中均未出现因高层变动而引发公司经营动荡的情况。东方园林的实际控制人易主实属无奈之举，而碧水源的实际控制人易主则为原实际控制人有意为之。碧水源纾困案例中，纾困方与被纾困方签署的业绩承诺补偿约定就是精准纾困"安全逻辑"的现实体现，而后来的事态发展也证明，正是由于业绩承诺补偿约定让国有资产保值增值的基本底线未被突破。值得提及的是，碧水源纾困方充分发挥自身央企平台优势，以接股、业务支持、定向增发等一系列纾困组合手段帮助大股东纾解股权质押风险，这一系列操作非地方国资背景纾困方所能为，体现了央企纾困方的强大平台优势。曲美家居的纾困案例则较好诠释了精准纾困的"效率逻辑"。不是所有的纾困方都谋求被纾困方的实际控制权，张家港产业资本投资有限公司作为战略投资者，其发挥自身地理、资金优势为曲美家居的全球布局提供支持，而曲美家居则让持有公司10.11%的张家港产业资本投资有限公司随着曲美家居的成长持续获利。这三个案例各有特点，显示出现实中民营企业股权质押风险纾解的复杂性与多样性，也展现出精准纾困操作的难度。也正因此，精准纾困的"安全逻辑"与"效率逻辑"应被坚守，纾困标的"救急"优选与"守正"甄选原则应被坚持，唯有此，纾困的"精准"才能成真。

第8章 研究总结、对策建议与研究展望

8.1 研究总结

　　本书第1章从我国股权质押业务发展的四个阶段入手，引出股权质押风险产生缘由及化解股权质押风险的纾困行动，介绍纾困基金是为纾解股权质押风险而成立。第2章对股权质押经济后果、动机与成因文献进行了回顾与述评，发现现有研究较少涉及股权质押风险探讨，缺乏股权质押风险成因的分析框架，这限制了股权质押风险成因的整体认知，进而加大了民营企业股权质押风险的纾解难度，降低了纾解精度。为此，第3章对股权质押流动性风险的外部与内部成因进行了梳理，发现内部的董事长烙印特征、外部的政商关系可能影响民营企业股权质押风险，但未被证实。

　　第4章从内部的董事长个人特征入手，考察了董事长早期上山下乡经历烙印特征对民营企业股权质押风险的影响。该部分从早期上山下乡经历对民企董事长认知框架与风险偏好的烙印影响出发，研究发现：董

事长早期上山下乡经历烙印特征对民企股权质押风险具有显著抑制作用；企业所在地市场化程度越高，其抑制作用越强。进一步的研究发现：此抑制作用主要体现在控股股东股权质押比例为50%至80%时；而以"开闸放水"的股权质押新规为外生冲击事件的检验则发现，董事长早期上山下乡经历烙印特征对股权质押风险的抑制作用在新规实施后得到增强。第5章从外部的政商关系入手，探讨了新型政商关系对民营企业股权质押风险的影响。该部分以制度环境层面的新型政商关系"亲""清"维度为切入点，考察新型政商关系如何影响民营企业股权质押风险，研究发现：新型政商关系及其"亲""清"维度均对民营企业股权质押风险具有抑制作用；"清"维度在"亲"维度对民营企业股权质押风险的负向影响中起到显著的中介作用。进一步的研究则发现：较高的区域民营经济发展水平会削弱新型政商关系对民营企业股权质押风险的抑制作用；民营经济发展水平与新型政商关系对民营企业股权质押风险影响的替代效应主要体现在新型政商关系的"亲"维度而非"清"维度。

第6章明晰了股权质押风险的纾困运作机理，分析了股权型纾困、债权型纾困、股债混合型纾困三种一般性纾困模式，在民营企业股权质押风险的纾困模式选择难点分析中就股权型纾困模式、债权型纾困模式、股债混合型纾困模式的差异与优缺点进行了对比分析，探讨了各纾困模式的适用情形。在完成股权质押风险成因框架、纾困运作机理与纾困模式分析的基础上，我们在第7章进入化解民营企业股权质押风险的精准纾困探讨。该章明确了精准纾困的"安全与效率"逻辑和纾困标的"救急"优选、"守正"甄选原则，给出了精准纾困的甄选标准。阐述了化解民营企业股权质押风险纾困模式的精准匹配、精准拓宽融资渠道、市场化框架内精准实施三个要点。为加深对精准纾困的理解，我们对东方园林、碧水源、曲美家居三个民营企业股权质押风险精准纾困的现实典型案例予以分析，通过不同的纾解方案展现精准纾困的"精准"如何操作，解答精准纾困的"救谁"与"如何救"问题。第8章对全书内容进行总结，提出对策建议与研究展望。

8.2 对策建议

结合本书研究结论，我们围绕民企纾困的市场化运作、正道经营的融资投资理念、纾困基金退出机制与纾困的长效机制提出如下政策建议：

其一，民企纾困应紧守"市场化"运作原则，警惕道德风险。股权质押融资是市场化融资行为，由其引起的股权质押风险亦应由市场化方式予以纾解。无论精准纾困的"安全与效率"逻辑，还是纾困标的的"救急"优选、"守正"甄选原则都需要遵循市场化运作方式，一旦其中掺杂行政干预，精准纾困就难以保证。在股权质押风险的纾困实际运作中，确实出现了部分地方政府行政干预纾困标的选取的个案。一旦纾困基金成为民企逃废债务的工具、股东套利的工具、利益输送的工具，严重的道德风险便产生。从碧水源的纾困案例中可看出，市场化运作下的业绩承诺补偿约定让原核心股东与碧水源未来业绩绑定，避免了"金蝉脱壳"情况出现。业绩承诺补偿约定是市场化框架内精准纾困的一个成功之举，降低了国有资本投资风险。

其二，宣传"正道经营"理念，合理引导民营企业融资投资行为。从股权质押风险成因的梳理可见，民营企业股权质押风险来自于过度并购扩张与杠杆投资、盲目增持致使增持和存量质押部分先后爆仓、大股东股权质押融资用途不当等，民营企业董事长与控股股东不应偏离主业高负债扩张，追风涉足自身不熟悉行业，应正道经营，积极进行主业基础上的改革创新和多元化发展。证监会、证监局、上市公司协会在开展"防范股权质押风险"宣讲与辅导时，应合理引导民营企业融资投资，防范过激融资投资行为引发风险。

其三，缓解民营企业股权质押风险纾困基金的退出机制应有序、有效。首先，在民营企业股权质押风险缓解后，纾困基金应按约定如期退出，对于受多个纾困基金支持的纾困标的应提前商定退出顺序，避免因退出窗口叠加而致使民营企业再次陷入流动性紧张。其次，纾困基金的成立具有政府救市的鲜明背景，缓解民营企业股权质押风险的纾困基金不能无限期存市,当纾困基金完成任务后,其应以市场化方式有效退出。债权型纾困模式可通过利率与还款期限调整逐步退出,股权型纾困模式可通过逐步减持方式退出。

其四,纾困基金可作为长效机制存在。虽然缓解民营企业股权质押风险的纾困基金在完成使命后会逐步退出历史舞台,但纾困基金形式有必要留存。在百年未有之大变局下,国际形势不确定性大,国内经济政策亦会相应调整,由外界原因导致民营企业产生流动性危机的可能性不断增大。以2022年的房地产纾困基金为例,虽然房地产商的烂尾问题源于无序的金融扩张,但在"保交楼、稳民生、保稳定"背景下,多地政府仍牵头由多种形式国有资本成立房地产纾困基金,在"救项目不救企业"的纾困原则下,撬动多方资本盘活房地产行业的整体流动性。房地产纾困基金与缓解民营企业股权质押风险的纾困基金有异曲同工之妙,二者均具有短期存在、目的鲜明、原则清晰的特点。不同种类的纾困基金可作为灵活应对外部不确定性、政策性支持的长效机制。

8.3 研究展望

"国进民退"是民营企业股权质押风险纾困运作中被广为诟病的问题。有必要通过长期、系列案例对控股股东由民营变为国有性质的被纾困企业进行跟踪研究,去探寻"国进民退"是否有利于被纾困企业的长远发展。以环保领域为例,环保领域由于行业性质、资源禀赋等限制了民营企业的发展壮大。国资入主后,被纾困企业在环保领域会获得更多资源,这一点在碧水源案例中得到印证。"国进民退"与"国退民进"只是实际控制人性质变换的一种描述,至于是否合理、是否有效率,需要长期跟踪研究才能得出结论。

纵观我国股权质押风险的演变历程,虽然之前累积的系统性股权质押风险随着纾困新政的出台与严格执行被不断化解,控制增量、化解存量的政策措施持续降低了第一大股东高比例质押的公司数量,促进了场内场外股票质押业务风险协同化解。随着股权质押新规的严格执行,券商对质押标的的审核也更为严格,股权质押市场发展越来越健康。从质押规模、高质押比例数量、质押市场发展均可看出，股权质押问题在短期内已不构成系统性风险。虽然现今控制增量与化解存量的措施确实缓解了因控股股东高比例股权质押而形成的系统性风险，但全球外部环境不确定性让股市起伏存在较大变数。一旦股市跌幅过大、过急，部分民营企业仍存有潜在的股权质押风险。虽然出现系统性股权质押风险的可能性已降低，但局部性股权质押风险仍值得警惕。故有必要跟进民营企业股权质押风险的精准纾困研究。

参考文献

[1]   CHEN Y, FAN Z, GU X, et al. Arrival of young talent: the send-down movement and rural education in China [R]. SSRN Working Paper, 2018.

[2]   CHEN S S, WANG Y. Financial constraints and share repurchases [J]. Journal of Financial Economics, 2012, 105 (2): 311-331.

[3]   DITTMAR A K, DITTMAR R F. The timing of financing decisions: an examination of the correlation in financing waves [J]. Journal of Financial Economics, 2008, 90 (1): 59-83.

[4]   GRAHAM J R, NARASIMHAN K. Corporate survival and managerial experiences during the great depression [C] //AFA 2005 Philadelphia Meetings, 2004.

[5]   HAO Y, WANG S, CHOU R K, et al. Boom - baby CEOs, career experience, and risk taking: a natural experiment using Chinese CEOs' growth paths [J]. International Review of Finance, 2019, 19 (2): 347-383.

[6]   KAO L, CHIOU J R, CHEN A. The agency problems, firm performance and monitoring mechanisms: the evidence from collateralised shares in Taiwan [J]. Corporate Governance: An International Review, 2004, 12 (3): 389-402

[7]   KROSNICK J A, ALWIN D F. Aging and susceptibility to attitude change

[J]. Journal of Personality and Social Psychology, 1989, 57 (3): 416.

[8] LI M, LIU C, SCOTT T. Share pledges and firm value [J]. Pacific-Basin Finance Journal, 2019, 55: 192-205.

[9] LIU Q, TIAN G. Controlling shareholder, expropriations and firm's leverage decision: evidence from Chinese non-tradable share reform [J]. Journal of Corporate Finance, 2012, 18 (4): 782-803.

[10] MACKINNON D P, COX M C. Commentary on "Mediation analysis and categorical variables: the final frontier" [J]. Journal of Consumer Psychology, 2012, 22 (4): 600-602.

[11] MALMENDIER U, TATE G, YAN J. Overconfidence and early - life experiences: the effect of managerial traits on corporate financial policies [J]. The Journal of Finance, 2011, 66 (5): 1687-1733.

[12] MARQUIS C, TILCSIK A. Imprinting: toward a multilevel theory [J]. Academy of Management Annals, 2013, 7 (1): 195-245.

[13] PENG W Q, WEI K C J, YANG Z. Tunneling or propping: evidence from connected transactions in China [J]. Journal of Corporate Finance, 2011, 17 (2): 306-325.

[14] PIEPER T M, SMITH A D, KUDLATS J, et al. The persistence of multifamily firms: founder imprinting, simple rules, and monitoring processes [J]. Entrepreneurship Theory and Practice, 2015, 39 (6): 1313-1337.

[15] SCHOAR A, ZUO L. Shaped by booms and busts: how the economy impacts CEO careers and management styles [J]. The Review of Financial Studies, 2017, 30 (5): 1425-1456.

[16] SIMSEK Z, FOX B C, HEAVEY C. "What's past is prologue" a framework, review, and future directions for organizational research on imprinting [J]. Journal of Management, 2015, 41 (1): 288-317.

[17] WANG Y C, CHOU R K. The impact of share pledging regulations on stock trading and firm valuation [J]. Journal of Banking & Finance, 2018, 89: 1-13.

[18] ZHOU K Z, GAO G Y, ZHAO H. State ownership and firm innovation in China: an integrated view of institutional and efficiency logics [J]. Administrative Science Quarterly, 2017, 62 (2): 375-404.

[19] 艾大力, 王斌. 论大股东股权质押与上市公司财务: 影响机理与市场反应 [J]. 北京工商大学学报 (社会科学版), 2012, 27 (04): 72-76.

[20] 陈齐晋. 上市公司控股股东股权质押比例的影响因素研究 [D]. 杭州：浙江大学，2020.

[21] 陈泽艺，李常青，陈如茵. 股权质押对股票误定价的影响——来自A股市场的实证证据 [J]. 证券市场导报，2021（07）：59-69.

[22] 丁浩，方盈赢. 政商关系对城市商业银行不良贷款率的影响 [J]. 经济与管理研究，2019，40（10）：47-59.

[23] 董志强，魏下海，汤灿晴. 制度软环境与经济发展——基于30个大城市营商环境的经验研究 [J]. 管理世界，2012（4）：9-20.

[24] 杜丽贞，马越，陆通. 中国民营上市公司股权质押动因及纾解策略研究 [J]. 宏观经济研究，2019（7）：148-160.

[25] 杜勇，眭鑫. 控股股东股权质押与实体企业金融化——基于"掏空"与控制权转移的视角 [J]. 会计研究，2021（02）：102-119.

[26] 樊冬梅. "文革"时期知识青年上山下乡运动的历史考察 [J]. 党的文献，2005（4）：110-115.

[27] 樊纲，王小鲁，朱恒鹏. 中国市场化指数——各地区市场化相对进程2011年报告 [M]. 北京：经济科学出版社，2011：23.

[28] 方杰，温忠麟，张敏强. 类别变量的中介效应分析 [J]. 心理科学，2017，40（2）：471-477.

[29] 龚俊琼. 我国上市公司大股东股权质押的动机及后果 [J]. 当代经济，2015（20）：12-13.

[30] 顾洪章. 中国知识青年上山下乡始末 [M]. 北京：中国检察出版社，1997.

[31] 管考磊. 亲清政商关系会影响企业创新吗——来自中国上市公司的经验证据 [J]. 当代财经，2019（6）：130-141.

[32] 郭琳. 民营企业纾困：由来、实践与进路 [J]. 经济研究参考，2019（15）：107-116.

[33] 何苏燕，任力. 超额商誉对控股股东股权质押行为的影响 [J]. 经济管理，2021，43（7）：177-192.

[34] 姜付秀，石贝贝，马云飙. 信息发布者的财务经历与企业融资约束 [J]. 经济研究，2016，51（6）：83-97.

[35] 江炎骏. 新型政商关系与企业竞争优势 [J]. 产业经济评论，2020（5）：48-62.

[36] 金大陆. 义利之辨："老三届"人与青年人道德观念之比较 [J]. 中国青年研究，1997（4）：22-25.

[37] 韩彬. 控股股东股权质押会损害企业履行社会责任吗？[J]. 财会通讯，

2018（26）：46-49.

[38] 何建国，郭红，万伟. 控股股东股权质押、货币政策与企业创新投入［J］. 重庆理工大学学报（社会科学），2022，36（01）：132-143.

[39] 胡旭微，吴佳璇. 上市公司股权质押对盈余管理的影响研究——基于分析师关注的调节作用［J］. 经营与管理，2023，（02）.

[40] 黄登仕，黄禹舜，周嘉南. 控股股东股权质押影响上市公司"高送转"吗？［J］. 管理科学学报，2018，21（12）：18-36；94.

[41] 李常青，李宇坤，李茂良. 控股股东股权质押与企业创新投入［J］. 金融研究，2018（07）：143-157.

[42] 李常青，曾敏，陈泽艺. 大股东会支持上市公司吗？——基于大股东股权质押的视角［J］. 厦门大学学报（哲学社会科学版），2021（04）：71-84.

[43] 李后建，张剑. 腐败与企业创新：润滑剂抑或绊脚石［J］. 南开经济研究，2015（2）：24-58.

[44] 李旎，郑国坚. 市值管理动机下的控股股东股权质押融资与利益侵占［J］. 会计研究，2015（5）：42-49；94.

[45] 李永华，陈惟杉. 上市公司"无股不押"监管部门防控引导——股权质押之谜［J］. 中国经济周刊，2018（42）：14-15.

[46] 黎来芳，陈占燎. 控股股东股权质押降低信息披露质量吗？［J］. 科学决策，2018（08）：1-20.

[47] 廖珂，谢德仁，张新一. 控股股东股权质押与上市公司并购——基于市值管理的视角［J］. 会计研究，2020（10）：97-111.

[48] 梁志全. 上山下乡：20世纪席卷全国的青年运动——知青对农村岁月的感性认知和理性思考［J］. 中国青年研究，2015（10）：48-51；65.

[49] 林艳，魏连宾，李炜. 控股股东股权质押、股权性质与公司绩效研究［J］. 商业研究，2018（02）：50-56.

[50] 刘红云，骆方，张玉，等. 因变量为等级变量的中介效应分析［J］. 心理学报，2013，45（12）：1431-1442.

[51] 陆蓉，兰袁. 大股东股权质押与上市公司资本运作［J］. 金融研究，2021（04）：169-186.

[52] 罗党论，刘聪聪，谭衍俊. 投机文化与控股股东股权质押行为［J］. 会计研究，2021（10）：69-83.

[53] 毛捷，管星华. 地方政府纾困、融资成本与企业业绩分化［J］. 经济与管理评论，2021，37（05）：54-67.

[54] 聂辉华，韩冬临，马亮，等. 中国城市政商关系排行榜（2017）［R］. 北京：中国人民大学国家发展与战略研究院报告，2018.

[55] 聂辉华，韩冬临，马亮，等. 中国城市政商关系排行榜（2020）[R]. 北京：中国人民大学国家发展与战略研究院报告，2020.

[56] 潘越，宁博，纪翔阁，等. 民营资本的宗族烙印：来自融资约束视角的证据 [J]. 经济研究，2019，54（7）：94-110.

[57] 彭文伟，冉茂盛，周姝. 最终控制权、现金流权与上市公司过度投资 [J]. 软科学，2009，23（12）：126-129.

[58] 潜力，葛燕妮. 大股东股权质押同伴效应的异质性研究 [J]. 金融论坛，2022，27（06）：55-63；73.

[59] 邱杨茜，黄娟娟. 控股股东股权质押与员工持股计划"工具化"——基于 A 股上市公司的实证研究 [J]. 金融研究，2021（11）：170-188.

[60] 沈维涛，幸晓雨. CEO 早期生活经历与企业投资行为——基于 CEO 早期经历三年困难时期的研究 [J]. 经济管理，2014，36（12）：72-82.

[61] 史永东，宋明勇. 经济政策不确定性影响大股东股权质押决策吗？——基于融资约束和错误定价视角 [J]. 金融评论，2021，13（01）：73-94；123.

[62] 史永东，宋明勇，李凤羽，等. 控股股东股权质押与企业债权人利益保护——来自中国债券市场的证据 [J]. 经济研究，2021，56（08）：109-126.

[63] 宋坤，田祥宇. 上市公司股票回购与股权质押风险 [J]. 经济经纬，2021，38（06）：140-149.

[64] 宋建波，冯晓晴，周书琪. 多个大股东对控股股东股权质押的抑制作用 [J]. 国际商务财会，2019（03）：3-9.

[65] 宋霞，魏邓茜，程晨. 控股股东股权质押与公司避税 [J]. 财贸研究，2019，30（9）：90-100.

[66] 谭燕，吴静. 股权质押具有治理效用吗？——来自中国上市公司的经验证据 [J]. 会计研究，2013（02）：45-53；95.

[67] 汤水清，李小萍. 从"活动"到"运动"：知识青年上山下乡在江西的历史考察 [J]. 江西社会科学，2016，36（10）：119-126.

[68] 万华林，陈信元. 治理环境、企业寻租与交易成本——基于中国上市公司非生产性支出的经验证据 [J]. 经济学（季刊），2010，9（02）：553-570.

[69] 王斌，蔡安辉，冯洋. 大股东股权质押、控制权转移风险与公司业绩 [J]. 系统工程理论与实践，2013，33（07）：1762-1773.

[70] 王东维，高晓斌. 知识青年"接受贫下中农再教育"运动的历史启示 [J]. 当代青年研究，2013（4）：13-19.

[71] 王小鲁，樊纲，胡李鹏．中国分省份市场化指数报告（2018）[M]．北京：社会科学文献出版社，2018：216.

[72] 王营，曹廷求．CEO早年大饥荒经历影响企业慈善捐赠吗？[J]．世界经济文汇，2017（6）：16-38.

[73] 王新红，李妍艳．大股东股权特征与股权质押：基于中小板上市公司的分析 [J]．商业研究，2016（06）：116-121.

[74] 王亚茹，赵耀，乔贵涛．控股股东股权质押对权益资本成本的影响 [J]．财会月刊，2018（21）：59-68.

[75] 汪先珍，马成虎．控股股东股权质押、内部占用及其经济后果——基于融资工具的理论视角 [J]．系统工程理论与实践，2022，42（05）：1146-1171.

[76] 魏志华，曾爱民，李博．金融生态环境与企业融资约束——基于中国上市公司的实证研究 [J]．会计研究，2014（5）：73-80；95.

[77] 温忠麟，张雷，侯杰泰，等．中介效应检验程序及其应用 [J]．心理学报，2004（5）：614-620.

[78] 温忠麟，叶宝娟．中介效应分析：方法和模型发展 [J]．心理科学进展，2014，22（5）：731-745.

[79] 闻岳春，夏婷．大股东股权质押与公司价值的机理分析与研究综述 [J]．西部金融，2016（07）：4-8.

[80] 吴慧．中国商业通史（第五卷）[M]．北京：中国财政经济出版社，2008.

[81] 吴静．控股股东股权质押等于"掏空"吗？——基于中国上市公司股权质押公告的实证分析 [J]．经济论坛，2016（8）：65-70.

[82] 吴梓境，张波．纾困基金的运行机理、投资模式与创新路径 [J]．河北经贸大学学报，2019，40（03）：40-46；67.

[83] 谢德仁，郑登津，崔宸瑜．控股股东股权质押是潜在的"地雷"吗？——基于股价崩盘风险视角的研究 [J]．管理世界，2016（5）：128-140；188.

[84] 辛静．深市民营企业纾困方式梳理及纾困效果分析 [J]．证券市场导报，2019（10）：74-78.

[85] 许年行，李哲．高管贫困经历与企业慈善捐赠 [J]．经济研究，2016，51（12）：133-146.

[86] 徐莉萍，关月琴，辛宇．控股股东股权质押与并购业绩承诺——基于市值管理视角的经验证据 [J]．中国工业经济，2021（01）：136-154.

[87] 徐业坤，李维安．政绩推动、政治关联与民营企业投资扩张 [J]．经济理论与经济管理，2016（5）：5-22.

[88] 徐寿福，贺学会，陈晶萍．股权质押与大股东双重择时动机［J］．财经研究，2016，42（6）：74-86.

[89] 许晓芳，汤泰劼，陆正飞．控股股东股权质押与高杠杆公司杠杆操纵——基于我国 A 股上市公司的经验证据［J］．金融研究，2021（10）：153-170.

[90] 严中平．中国近代经济史统计资料选辑［M］．北京：中国社会科学出版社，2012.

[91] 杨松令，张秋月，刘梦伟，石倩倩．控股股东股权质押"同群效应"与股价崩盘风险［J］．经济管理，2020，42（12）：94-112.

[92] 余明桂，宋慧恬，张庆．支持型股权质押、融资约束与公司投资［J］．财会月刊，2021（12）：23-33.

[93] 曾春影，茅宁，易志高．CEO 的知青经历与企业并购溢价——基于烙印理论的实证研究［J］．外国经济与管理，2019，41（11）：3-14.

[94] 赵民伟，晏艳阳．管理者早年大饥荒经历与公司财务政策［J］．南方经济，2015（10）：49-63.

[95] 张军华．控股股东财务行为与企业融资约束——基于股权质押的视角［J］．金融与经济，2020（11）：82-90.

[96] 张军华．控股股东股权质押与业绩预告的策略性披露［J］．管理科学，2022，35（03）：101-115.

[97] 张庆君，黄玲，申思．控股股东股权质押对企业违约风险具有缓释效应吗？——来自我国违规上市公司的证据［J］．审计与经济研究，2021，36（03）：77-87.

[98] 张瑞君，徐鑫，王超恩．大股东股权质押与企业创新［J］．审计与经济研究，2017，32（04）：63-73.

[99] 张陶勇，陈焰华．股权质押、资金投向与公司绩效——基于我国上市公司控股股东股权质押的经验数据［J］．南京审计学院学报，2014，11（6）：63-70.

[100] 张璇，李子健，李春涛．银行业竞争、融资约束与企业创新——中国工业企业的经验证据［J］．金融研究，2019（10）：98-116.

[101] 郑国坚，林东杰，林斌．大股东股权质押、占款与企业价值［J］．管理科学学报，2014，17（09）：72-87.

[102] 周冬华，黄雨秀，梁晓琴．董事长上山下乡经历与会计稳健性［J］．山西财经大学学报，2019，41（7）：108-124.

[103] 周广肃，边晓宇，吴清军．上山下乡经历与家庭风险金融资产投资——基于断点回归的证据［J］．金融研究，2020（01）：150-170.

［104］周俊，张艳婷，贾良定．新型政商关系能促进企业创新吗？——基于中国上市公司的经验数据［J］．外国经济与管理，2020，42（05）：74-89；104．

［105］周泽将，高停停，张世国．营商环境与轻资产运营——基于股权激励和产权性质的情境性分析［J］．上海财经大学学报，2020，22（6）：52-64．

［106］朱薇，胡曲应．控股股东股权质押、两职设置与非标准审计意见［J］．大连民族大学学报，2022，24（06）：508-513．

索引